云南公共事业发展研究

杨荣 王晓艳 著

中国社会科学出版社

图书在版编目（CIP）数据

云南公共事业发展研究／杨荣，王晓艳著．—北京：中国社会科学出版社，2018.10

ISBN 978-7-5203-3344-3

Ⅰ．①云…　Ⅱ．①杨…　②王…　Ⅲ．①公共管理—研究—云南
Ⅳ．①D677.4

中国版本图书馆 CIP 数据核字（2018）第 242762 号

出 版 人　赵剑英
责任编辑　张　林
特约编辑　张春泽
责任校对　周　昊
责任印制　戴　宽

出　　版　中国社会科学出版社
社　　址　北京鼓楼西大街甲 158 号
邮　　编　100720
网　　址　http://www.csspw.cn
发 行 部　010-84083685
门 市 部　010-84029450
经　　销　新华书店及其他书店

印　　刷　北京明恒达印务有限公司
装　　订　廊坊市广阳区广增装订厂
版　　次　2018 年 10 月第 1 版
印　　次　2018 年 10 月第 1 次印刷

开　　本　710×1000　1/16
印　　张　14.5
插　　页　2
字　　数　203 千字
定　　价　58.00 元

目　录

导　论

一　选题的意义和价值

边疆民族自治地方公共事业的发展在我国社会主义现代化建设中具有重要的战略意义，它关系着民族平等、民族团结、边疆稳定及社会主义和谐社会的构建。我国是一个统一的多民族国家，56个民族在历史长河中不断发展、交往、交流和交融。改革开放以来，随着社会流动的进一步加强，社会主义市场经济犹如一张大网，将各民族的经济生活紧紧联系在一起，民族文化得到了前所未有的发展，民族之间的涵化也在悄无声息地进行。各民族之间形成了“你中有我，我中有你”的血肉关系，尤其是在边疆民族自治地方，“汉族离不开少数民族，少数民族离不开汉族，各少数民族之间也互相离不开”得到了充分的体现。我国边疆民族自治地方既是国家之边疆，又是少数民族分布最广的地区。以云南省为例，根据2010年第六次全国人口普查统计，汉族人口为3062.9万人，占总人口的66.63%；各少数民族人口为1533.7万人，占总人口的33.37%。[①] 云南省有25个边境县（市）分别与缅甸、老挝、越南接壤，边境线长4061千米。云南有傣、彝、哈尼、壮、苗、傈僳、拉祜、佤、瑶、景颇、布朗、布依、阿昌、怒、德昂、独龙16个少数民族跨境而居，是全国跨境民族最多的省份。改革开放以来，沿着中国特色

① 数据来源于中华人民共和国国家统计局网站，查询日期为2012年月25日，http://www.stats.gov.cn/tjsj/tjgb/rkpcgb/dfrkpcgb/201202/t20120228_30408.html。

社会主义道路，我国少数民族和民族地区在国家的大力支持和帮助下，少数民族和民族地区经济获得了快速的增长，人民群众生活水平得到显著提高，各民族形成平等团结互助和谐的民族关系，各民族和睦相处、和衷共济、和谐发展，社会经济文化等方面均取得了令人瞩目的成就。与边疆各民族的民生紧密相关的公共事业，也得到了快速发展。公共事业发展与民族平等、民族团结和边疆稳定形成了相辅相成，相互促进的关系。公共事业的发展，为民族平等、民族团结和边疆稳定提供了物质基础，民族平等、民族团结和边疆稳定，为公共事业的发展创造了条件。

我国公共事业发展经历了人民公社时期、家庭承包经营时期和改革探索时期。从 1958 年到 1978 年，人民公社包揽了人民群众所有的公共事业，对农村公共事业的发展具有奠基作用。从 1978 年至党的十七大，我国实行了家庭联产承包经营，这种模式极大地调动了农民的生产积极性，促进了我国农业的快速发展，但农村公共事业的发展依然严重滞后。目前，我国农村公共事业发展正处于改革探索时期，新的公共事业管理模式正在形成。民族自治地方由于经济社会发展相对缓慢，公共事业的发展严重影响着人民生活水平的提高。这就决定我国在进行公共事业发展时，要针对实际情况，采取不同的策略，统筹城乡发展，体现社会公平，推进边疆民族自治地方经济社会的全面发展。党的十八届三中全会也指出，要实现发展成果更多更公平惠及全体人民，必须加快社会事业改革，解决好人民最关心最直接最现实的利益问题，努力为社会提供多样化服务，更好满足人民需求。云南省作为边疆民族自治地方，公共事业的发展关系着边疆的稳定和繁荣，关系着各民族的民生大计。边疆民族自治地方公共事业的发展程度和解决效果，与边疆民族自治地方的“三农”问题有着直接的联系。同时，公共事业的发展也关系着边疆民族自治地方社会主义新农村建设的实现水平和实现速度。因此，研究边疆民族自治地方公共事业的发展程度，研究如何促进边疆民族地区公共事业的快速发展，如何制定科学有效的政策体系和扶持体系，是促进边疆民族自治地方公共事业建设的现实需要。边疆民族自治地方公共事业的发展是维护边疆各个少数民族社会公平正义的基石。在加强和创新公共事业管理中，我们要以社会公正为基石，以改善民生为重点，创新公共事业管理，才能使我们的发展成果惠及全体人民。

总结改革开放以来边疆民族地区公共事业的发展经验，分析边疆民族地区公共事业存在的问题，对深化边疆民族地区的改革，贯彻落实党的十八大提出的“全面贯彻落实党的民族政策，坚持和完善民族区域自治制度，牢牢把握各民族共同团结奋斗、共同繁荣发展的主题，深入开展民族团结进步教育，加快民族地区发展，保障少数民族合法权益，巩固和发展平等团结互助和谐的社会主义民族关系，促进各民族和睦相处、和衷共济、和谐发展，实现全面建成小康社会，社会主义现代化和中华民族伟大复兴事业”，丰富和发展马克思主义民族理论具有重要的理论价值和实践意义。同时，通过探索边疆民族自治地方公共事业的发展，对于推动边疆多民族地区跨越式发展，实现边疆稳定，促进各民族共同团结奋斗共同繁荣发展也具有十分重要的实践价值。

二　目前国内外研究的现状和趋势

改革开放以来，边疆民族自治地方的公共事业发生了巨大的变迁，引起了社会各界的瞩目。国内外民族学、人类学、社会学、政治学等不同领域的专家学者对民族自治地方的公共事业发展都给予了高度的关注，形成了各具特色的研究成果，综观这些丰富的成果，主要集中在以下这些方面。

（一）民族区域自治制度视野下的民族地区公共事业发展研究。研究成果主要集中在民族区域自治制度的执行状况和存在问题，为完善民族区域自治制度、提高民族自治地方行政执行力提供一些重要的理论依据和切实可行的决策咨询。这些成果将公共事业的发展作为民族区域自治制度中的一项重要内容进行研究。熊文钊在《大国地方——中国民族区域自治制度的新发展》[1] 中，将中国民族区域自治制度纳入法理体系进行分析，在此基础上，结合西部大开发战略，对西部地区的产业政策、财政政策、环境资源法制、扶贫开发法制建设、地方文化管理进行了论述，并对新形势下民族区域自治制度进行了展望。何龙群在《中国共产党民族政策史论》[2] 中，纵向对党的民族政策进行了梳理，系统地总结中国共产党民族政策的发展历程、形成基础、根本依据、主要内容、制定程序、实施途径、基本特点及其发展规律，有层次地反映出马克思主义民族理论中国化的进程，并根据当前国内外形势，分析民族政策的未来走向。宋才发在《民族区域自治制度的发展与完善——自治区自治条例研究》[3] 及《民族区域自治制度重大问题研究》[4] 两本专著中，对民族区域自治地方中哪些权力应当归属于中央、哪些权力应当归属于地方、如何进行科学的界定划分等方面进了研究，对自治条例的内容、地位、立法价值、国际地位等方面进行了论述。

（二）农村公共事业发展的研究。有的学者从三农的视角来研究公共事业的功能、内容、总体发展状况等，还有的学者对国内外公共事业发展进行比较研究。公共事业的发展研究，最近几年已经成为一个研究热点。对公共事业的界定，不同的学者就有不同的划分，魏志春的《公共事业管理》[5] 一书，将公共事业分为教育、科技、文化、卫生事业；而朱仁显主编的《公共事业管理概论》[6] 还增加了基础设施、公共住房、社会保障、环境四个方面。在公共事业管理模式的研究中，许多学者根据国内外不同模式进行了充分的比较，找出了一些

---

① 熊文钊：《大国地方——中国民族区域自治制度的新发展》，法律出版社 2008 年版。

② 何龙群：《中国共产党民族政策史论》，人民出版社 2005 年版。

③ 宋才发：《民族区域自治制度的发展与完善——自治区自治条例研究》，人民出版社 2008 年版。

④ 宋才发：《民族区域自治制度重大问题研究》，人民出版社 2008 年版。

⑤ 魏志春：《公共事业管理》，上海教育出版社 2004 年版。

⑥ 朱仁显：《公共事业管理概论》，中国人民大学出版社 2009 年版。

异同，得出一些有益的探索结论。比如，有的学者通过比较认为，我国的公共事业管理模式，从运作层面和实现途径方面来看，是政府主导的管理模式，而法国是特许经营模式，英国是私有化模式。雷兴长和杨华完成的《甘肃省农村公共事业建设与管理研究》[①] 一书，对甘肃省农村公共事业发展进行了系统和深入的研究，分析了甘肃公共管理与社会化服务，主要集中在以政府为主导的公共管理和社会化服务方面；从组织的公益性来分析非营利组织的公共事业管理及其社会化服务的状况；还从行业的角度来分析企业的公共管理和社会化服务的水平。该课题组还对甘肃农村基层组织运行与公益事业发展进行了研究，以甘肃省的农民合作组织、村委会和乡镇政府三大基层组织作为研究对象，考察了这三个组织如何促进农村公共事业的发展，并总结了三个组织的运行特点。通过实地考察该课题组分析了农村公共事业发展存在的问题，探讨了一些解决问题的方法和途径，也提出了操作性很强的对策建议。姚靖在《中国农村公共事业管理的现状思考》[②] 一文中提出，中国穷人的主体是农民，中国的公共服务首先应向农民提供。然而，作为中国社会大众的主体——农民，却一直是被中国公共事业管理遗忘的群体，而基层政府作为我国现行行政管理体制中最基层的一级人民政府，处于直接面向农村与农民，实施党和国家对农村社会经济发展的各项重大决策，组织广大农民完成建设美好的中国特色社会主义新农村任务的特殊地位。因此，变革基层政府在农村公共管理中的传统治理模式，是解决当前农村公共事业管理问题的根本着眼点。聂火云的《欠发达地区农村公共事业发展推进机制探讨》[③] 一文认为，欠发达地区农村公共事业发展严重滞后，加快发展十分紧

---

① 雷兴长、杨华：《甘肃省农村公共事业建设与管理研究》，甘肃人民出版社 2009 年版。

② 姚靖：《中国农村公共事业管理的现状思考》，《经济与社会发展》2005 年第 4 期。

③ 聂火云：《欠发达地区农村公共事业发展推进机制探讨》，《理论导刊》2008 年 6 期。

迫和必要，要坚持以科学发展观为指导，按照统筹城乡经济社会发展的要求，构建城乡公共事业发展的新的投入与保障机制。

（三）对公共服务的研究。对于公共服务能力建设方面的研究，西方学者研究得比较早，主要集中在公共服务能力的建设和改革方面，大多都以提高政府服务社会的整体水平为目标，逐步形成由中央政府领导的自上而下的政府改革路径。比较有代表性的如登哈特夫妇的《新公共服务：服务，而不是掌舵》①，他们认为，政府不是扮演一个掌舵的角色，主要的功能还是服务，政府的公共服务目标是公民。戴维·H. 罗森布鲁姆在《公共行政学：管理、政治和法律的途径》② 中也指出，政府的公共行政与私营部门的管理是有非常明显不同的，政府服务的是大多数人的公共利益，而这些公共利益并不局限于特定的范围，而是包括社会的各个层面和各个人群。在如何提升政府的公共服务能力方面的研究，国外学者也非常关注，如英国《公民宪章》的主题就是提升服务品质，提升和完善服务能力。美国在《国家绩效评估报告》中提出政府在服务时要对服务的绩效加以考察。从以上相关研究可以看出，西方国家在政府公共服务建设方面改革较早，而且也取得了一定的成效，但随着经济社会发展，每个国家都面临着新的情况，公共服务的内容也处于不断的发展变化之中。但从成效看，西方各国以新公共管理改革为中心的改革，有助于消除传统公共服务模式的弊端，提高政府的公共服务能力。

国内学者对政府公共服务的研究起步相对较晚，而且研究基本上是围绕着政府这个整体概念进行，而对于如何提升政府的公共服务、如何促进服务公民的公共需求方面研究比较少，许多成果集中于地方政府公共服务错位、越位的表现以及针对性地提出一些改革的措施上。而一些基础性的研究，比如提高地方政府公共服务能力的背景、能力

① ［美］登哈特著，丁煌译：《新公共服务：服务，而不是掌舵》，中国人民大学出版社 2010 年版。

② ［美］罗森布鲁姆、［美］克拉夫丘克著，张成福等校译：《公共行政学：管理、政治和法律的途径》，中国人民大学出版社 2002 年版。

不足的深层次原因、提高地方政府公共服务能力的理论指导等都缺乏深刻、系统的分析。从国内外各国政府在改善政府服务环境、提升公共服务能力、加强公共服务制度建设等方面的经验来看，尽管各国公共服务体制不同，但可以肯定的是政府公共服务能力已成为地区之间、国家之间除区位、资源、技术等因素之外的另一个重要的竞争条件，政府公共服务能力的提高已成为现代政府能力建设的目标之一。当前一些学者结合我国中央与地方的实际，对我国基层地方政府公共服务能力建设提出了自己的看法。魏红英的《公共产品视角下县级政府服务能力建设路径分析》从县级政府的公共服务能力低下，从转变政府理念、增加服务数量、提高服务质量、创新服务方式等方面归纳出县级政府公共服务能力建设的基本路径。张军和何寒熙的《中国农村的公共产品供给：改革后的变迁》、周平的《县级政府能力的构成和评估》都对该项问题进行了深入的研究。从西部地区地方政府公共服务的研究上看，我国西部地区多为少数民族地区，政府公共服务能力与其他发达地区存在较大差距。王勇的《共性与个性：西北少数民族地区政府权利运行机制的改革与完善》①、谭兴中的《论提高西部地方政府的公共服务能力》②、郁辉的《当前乡镇政府职能转变的困境和对策》、乐观清的《更新政府管理理念转变乡镇政府职能》③ 均做出了一些有益的探索。

综上所述，课题组认为，以往关于公共事业的研究没有将公共事业发展放在民族区域自治制度的背景下进行考察。边疆民族地区由于区位、民族构成、历史发展等方面都具有其特殊性。因此，在公共事业发展的路径选择上，也应具有其特殊性。基于此，本书研究以《中

① 王勇：《共性与个性：西北少数民族地区政府权利运行机制的改革与完善》，《人大研究》2008 年第 1 期。

② 谭兴中：《论提高西部地方政府的公共服务能力》，《西南民族大学学报》2004 年第 11 期。

③ 乐观清：《更新政府管理理念转变乡镇政府职能》，《四川行政学院学报》2004 年第 6 期。

华人民共和国民族区域自治法》为法理依据及政策基础，以少数民族聚居和散杂居最突出的云南省为个案，以边疆民族地区公共事业的发展变迁为主题进行深入研究。为边疆民族地区公共事业的发展提供具有针对性、现实性、可操作性建议。另外，虽然许多论著和文章对农村公共事业发展进行了有益的探讨，但是，绝大部分研究成果没有对边疆民族自治地方的公共事业发展变迁做出一个完整的概述，也没有针对公共事业在边疆民族自治地方如何发展进行探讨。有的论著只对民族自治地方的文化管理或其他方面进行相关研究，没有涵盖公共事业的各个方面；有的研究只是从全国公共事业的发展来分析，没有对我国边疆民族自治地方的典型个案进行剖析，缺少必要的针对性，从而无法得出针对性强的可行性决策咨询报告。

三 研究内容及重点

（一）研究内容。公共事业是指那些面向社会，以满足社会公共需要为基本目标，直接或间接为国民经济和社会生活提供服务或创造条件，不以营利为主要目的的社会活动，主要包括教育、科技、文化、卫生和社会保障等事业。[①] 在学术研究中，基础设施、公共住房、环境保护等内容也是公共事业研究的领域。但本书关注的是边疆民族自治地方的公共事业发展，而边疆民族自治地方问题最突出、地位最重要、各民族最关心的公共事业主要是教育、科技、文化、卫生和社会保障。因此，本书研究的重点也主要集中在以上五个方面。

改革开放以来，我国农村公共事业的建设得到了发展，公共产品的数量与质量不断扩大和提高，但应当看到，在我国经济社会发展过程中，公共事业发展出现了失衡现象，边疆民族自治地方的公共事业发展明显滞后，这种不平衡性和滞后性极大地阻碍边疆民族自治地方的发展。为了总结改革开放以来边疆民族自治地方公共事业发展的成功经验，找出阻碍民族自治地方公共事业发展的原因，进一步发展边

---

① 朱仁显：《公共事业概论》，中国人民大学出版社2003年版。

疆民族自治地方公共事业，本书主要从以下几个方面来进行研究。

一是全面分析云南民族自治地方教育改革发展状况。总体上回顾分析我国教育体制改革发展的历史，勾画出改革开放以来云南省民族自治地方教育事业的发展脉络。根据课题组掌握的情况，选取宁蒗彝族自治县为田野调查点，以此为个案，分析云南省民族自治地方教育事业改革发展特点及存在的问题。最后，通过案例分析和理论研究，对云南民族自治地方教育事业的改革发展提出对策和建议。

二是根据云南建设民族文化大省的战略目标，全面分析云南省民族自治地方民族文化建设。对云南民族自治地方民族文化建设的重要意义进行阐述，对其现状进行详细分类整理，根据改革开放以来云南民族自治地方民族文化建设存在的问题，提出一些具有可操作性的对策和建议。

三是对云南民族自治地方科学技术发展进行研究。科学技术的发展和运用对云南经济社会发展起着重要的作用，课题组对云南民族自治地方科学技术发展的现状进行了充分的调研，根据楚雄彝族自治州的调研材料，对云南民族自治地方科学技术发展的特点进行了深入分析，发现了发展中存在的问题。最后提出了云南民族自治地方科学技术发展的对策和建议。

四是对云南民族自治地方社会保障事业发展进行研究。课题组通过广泛收集材料，对云南民族自治地方社会保障制度的发展历程进行了简要的回顾，对其特点进行了分析，列举了云南民族自治地方社会保障制度存在的一些问题，并提出了一些对策和建议。

五是对云南民族自治地方医疗卫生事业改革发展进行研究。课题组通过调研，对云南民族自治地方医疗卫生事业现状进行了梳理分类，归纳其特点，分析存在的问题，提出医疗卫生改革发展的对策和建议。

六是将云南民族自治地方公共事业的发展置于我国民族区域自治制度的框架中，提出要坚持和完善民族区域自治制度，促进边疆民族自治地方公共事业发展，重申民族区域自治制度是解决我国民族问题的制度保障。同时，课题组对当前民族区域自治制度面临着的挑战进行了分析，最终回答了完善民族区域自治制度是解决当今民族问题的必然要求。

总之，本书的研究，紧紧抓住民族自治地方的特点，从政府职能部门、社会资本参与及公共事业的共享主体，分别提出适合民族自治地方公共事业发展的一些建议，为我国边疆民族自治地方公共事业的发展探索出一条适合的路径。

（二）本书研究的重点。由于国情原因，我国公共事业发展各地区存在许多差异，只有认清这些差异才能更好地推进公共事业的建设。我国在解决民族问题时，成功地实行了《中华人民共和国民族区域自治法》，对边疆民族自治地方的发展发挥着重要的作用。本书研究的重点是将公共事业的发展变迁纳入民族区域自治法的框架下进行考察，对改革开放以来边疆民族自治地方公共事业发展中存在的问题，尤其是阻碍公共事业发展的原因进行探究，构架出民族自治地方公共事业快速发展的路径选择。

四 研究思路和方法

一是从理论的层面来研究民族自治地方的公共事业发展。以《中华人民共和国民族区域自治法》和“公共事业”相关理论作为指导，深入分析云南省各民族自治地方公共事业的发展概况，探寻民族区域自治地方推动或阻碍公共事业发展的因素，提出一些适应边疆民族自治地方公共事业发展的建议和对策。

二是通过田野调查，分析云南民族自治地方公共事业发展的特殊性。结合个案，重点考察民族自治地方的教育、文化、科技、社会保障、卫生医疗等公共事业。寻找适合边疆民族自治地方公共事业发展的新模式，建立民族自治地方公共事业发展的新机制。

三是通过综合应用社会科学研究的各种方法，对边疆民族地方的公共事业进行横向比较和纵向研究，使用深度访谈和座谈的方法，全面展示边疆民族自治地方公共事业发展的历史和现状，并总结发展经验。

四是通过个案的分析，寻找出云南民族自治地方公共事业发展的规律，为类似地区提供借鉴经验，从而为我国边疆民族自治地方公共事业的建设提供服务，为国家制定民族政策，发展公共事业提供决策参考，进一步丰富马克思主义民族理论与政策的理论和实践成果。

第 一 章

云南教育改革发展研究

一个社会的进步与否，归根结底在于能否实现人的自由全面发展。社会的进步、人的自由发展关键在于教育，教育为社会建设及发展奠定基础，提供人才支持及智力保障。党的十八大报告中明确指出，要大力发展学前教育、普及义务教育，促进高中阶段教育、职业教育以及高等教育的内涵式发展，建立健全终身教育体系；同时加大教育政策向农村及边远民族地区的倾斜力度，合理配置教育教学资源，促进教育公平。在我国社会主义现代化建设的关键时期，以培育德智体美劳全面发展为人才培养目标，为社会主义现代化建设服务，实现中华民族伟大复兴的中国梦。改革开放以来，中国开始了一场波澜壮阔的教育改革，这场教育改革是一场全新而重大的实践探索运动及理论创新运动。中国教育体制改革30多年，党和政府高度重视并大力支持教育工作，促使教育体制改革在实践中不断以实现教育事业的发展及促进国民整体素质的提高为追求目标。作为边疆的云南，教育的改革发展也成绩斐然。

第一节　中国教育体制改革发展回眸

以恢复全国统一高考制度为起点，中国教育经过30多年的改革与发展，不断在实践中探索和创新，在曲折中进步与发展，并取得了巨大的成就。回顾总结30多年我国教育的改革发展经验，对于我们未来教育的发展具有重要的现实意义。

一　恢复整顿阶段，现代化教育任务的确立（1977—1984年）

1977年5月，邓小平发表《尊重知识，尊重人才》的讲话，明确指出要依托教育，培育知识型人才，实现科技创新、技术创新，为社会主义现代化建设服务。这个讲话在一定程度上确立了新时期教育的发展方向和基本价值，推动了教育领域的思想解放和拨乱反正，使教育工作得以恢复，并为后期教育方针的确立以及教育改革方向奠定了重要的基础。

1980年5月，邓小平提出"有理想、有道德、有知识、有体力"的"四有"培养目标，并最终于1985年将教育口号正式更改为"有理想、有道德、有知识、有纪律"。1983年，邓小平为景山中学题词：教育要面向现代化、面向世界、面向未来。"四有"强调重视对青年学生的政治教育和控制，"三个面向"强调重视改革教育，发展优秀人才，二者共同构成了改革开放时期教育发展的两个重要方向。

1984年10月至1985年5月，中共中央先后颁布关于经济、科技、教育三大重要领域改革的决议案。在中国教育体制改革筹划的过程中，教育方针与社会发展需求的矛盾日益突出，新教育方针的制定需求尤为迫切。因此，以经济建设为中心，科技、教育为两翼，带动中国各项事业的发展，成为中国社会发展的战略抉择。

二　探索进取阶段，教育体制改革的全面开展（1985—1989年）

1985年中共中央在《关于教育体制改革的决定》中明确提出，教育必须为社会主义建设服务，社会主义建设必须依靠教育。这个提法否定和替代了"教育是为无产阶级政治服务"的方针，首次以正式文本形式明确中央对教育体制改革的大政方针。此后，党和国家在各项工作中反复强调"教育必须为社会主义建设服务"，教育工作的方向性更加明确并成为新时期教育的真正起点。

1987年《中共中央关于改进和加强高等学校思想政治工作的决定》明确提出高等学校的思想政治工作须在坚持四项基本原则的基础

上更进一步坚持改革、开放、搞活的总方针，在保证高等学校的社会主义方向的同时为建设有中国特色的社会主义服务。在此期间，教育发展的总体目标已有明确共识，但在教育方针方面提法较多的有“三育”：德、智、体育全面发展；“四育”：德、智、体、美育全面发展；“四有”：有理想、有道德、有文化、有纪律。1991 年，《中华人民共和国国民经济和社会发展十年规划和第八个五年计划纲要》中正式确定教育方针为：继续贯彻“教育必须为社会主义现代化服务”，必须同生产劳动相结合，培养社会主义现代化建设事业的建设者和接班人。通过逐步增加教育投入，不断深化教育改革，提升教育教学质量，建立具有中国特色的社会主义教育体系。它标志着新时期教育方针的基本轮廓已经形成。

1989 年，政治风波中断了教育体制改革的进程。教育事业的发展重新陷入了政治化的局面，原本试行教育体制改革的高校又逐步恢复到原有的体制范围内。在这一阶段，教育体制改革并不理想，总体上缺乏实质性进展，80 年代后期片面追求升学率、升学教育，劳动教育片面化倾向与教劳结合、促进素质教育全面发展的要求这一矛盾凸显，对于教育方针的实践性要求更为迫切。

三　综合配套阶段，完善“两基”任务，优化教学资源（1990—1998 年）

“两基”是教育部提出为贯彻《国务院关于进一步加强农村教育的决定》，进一步推进西部大开发，实现西部地区基本普及九年义务教育，基本扫除青壮年文盲（以下简称“两基”）。1993 年，《中国教育改革和发展纲要》提出，要继续高等教育，改革中包得过多、统得过死的管理体制。中等以下教育要继续完善分级办学、分级管理的教育体制，地方政府有权确定本地区的学制、招生规模、教学计划和教师工资水平等教育指标，鼓励中小学教育与社会结合的教育体制。

1996 年《全国教育事业“九五”计划和 2010 年远景目标》根据原有《国家教委关于加快改革和积极发展普通高等教育的意见》提

出，对教育改革和发展提出全面要求并进一步确立“科教兴国”战略。1997 年，国务院发布《社会力量办学条例》，第一次以行政法规的形式明确规定给予有意愿参与办学的社会团体提供具体的指导和服务。

这一时期，教育体制改革“逐步建立以政府办学为主体，社会各界共同办学的体制”。基础教育以普及“两基”为基本任务，大力发展职业教育、成人教育、高等教育。同时深化高等教育体制改革，扩大高校横向服务，逐步建立优化高教资源的有效机制和途径，打破高校发展及分布的旧格局，整合资源、扩展高校规模、提升教学质量及效益，充分发挥高校在地区经济建设和社会发展中的作用。

四　全面推进阶段，教育产业化（1998—2003 年）

1999 年《中共中央国务院关于深化教育改革全面推进素质教育的决定》指出，要把知识产业摆在优先发展的战略地位，推进素质教育的全面发展。并重申了省级人民政府在管理和发展本地区高等教育体制改革中要加大统筹力度，对教育体制简政放权，进一步发展教育产业对经济发展的促进作用，由此，教育产业发展拉动经济内需由思想层面步入政策层面。

2001 年出台的《国务院关于基础教育改革与发展的决定》，确定对部分相对体制不完善、资源不合理、教学不理想的公办学校实行转制改革试验。2002 年《关于进一步加强农村基础教育改革的决定》指出，农村地区因社会发展相对滞后，导致经济文化发展不足，一定程度上存留封建思想意识，因此农村学校发展应转变思想观念，改革教育体制，扫除农村教育发展的障碍因素，不断在办学体制、办学条件、育学理念、教学资源、教学内容等方面进行改革探索，不断创新农村教育教学方法。2003 年，国务院部署实施西部地区“两基”攻坚计划，进一步加强农村教育工作，基本完成九年义务教育及扫除青壮年文盲的历史性任务。这一时期，农村义务教育实行多渠道集资办学、“人民教育人民办”，形成了教育投入多渠道化和办学主体多元化。

“教育产业化”发展由此形成多元化办学和投资机制，促使教育事业发展通过“教育产业化”的途径在实现增加教育机会的同时实现教育盈利。

五 贯彻落实科学发展观阶段，促进教育均衡发展（2003年以来）

2003年，国务院做出了进一步加强农村教育工作的决定，重点对农村教育、义务教育、教育公平进行整改；2005年首先在592个国家重点贫困县开展义务教育，并在《关于深化农村义务教育经费保障机制改革的通知》中指出，在农村地区开展义务教育过程中各级政府明确各自职责，在农村教育投入上，中央和地方政府共同承担，逐步提高农村教育保障新机制。2007年，在农村实施免除义务教育阶段学杂费用，同时建立健全贫困生资助体系，将农村义务教育全面纳入国家财政保障范围 。

2005年，教育部《关于进一步推进义务教育均衡发展的若干意见》，正视和着手解决“上学难、上学贵”的问题。要求各级教育行政部门要采取有效措施促进城乡义务教育均衡，坚持义务教育阶段公办学校免试就近入学。2006年新修订的《义务教育法》进一步确立促进义务教育均衡发展方针，并以法律形式明确各级政府分担义务教育经费机制。2007年，国务院发文提出全面建立健全院校高校及职业院校贫困家庭学生资助政策体系，并在6所教育部直属师范大学实行师范生免费教育。

2010年《国家中长期教育改革和发展规划纲要（2010—2020）》描绘了2010年至2020年教育改革发展的宏伟蓝图，在全社会树立教育优先发展意识，尊重教育规律，促进学校教育与家庭教育、社会教育紧密结合，营造共同推动教育事业科学发展的新环境。2013年《教育部关于深化教育领域综合改革的意见》在改革人才培养模式当中提到“推进考试招生制度改革”将在落实和扩大高校办学自主权、基本公共教育服务均等化、改革考试招生制度、省级政府教育统筹建设、健全教育监管评价体系等方面加大改革力度。

这一时期，以政治、经济、社会现代化为基础，改革教育发展机制，推进教育与政治、经济、社会发展现代化协调发展，以实现教育民主化、教育普及化、教育多样化、教育终身化为发展方向。

第二节　云南教育现状分析

一　云南少数民族情况

云南省地处祖国西南，据《云南省第六次人口普查少数民族人口统计表》数据显示，云南省除汉族外共有 55 个少数民族（包括 25 个世居少数民族），总人口为 1533.7 万人，占全省总人口的 33.37%。特有民族为白族、哈尼族、傣族、傈僳族、拉祜族、佤族、纳西族、景颇族、布朗族、阿昌族、普米族、怒族、基诺族、德昂族、独龙族 15 个少数民族，总人口为616.7812 万人，其中，独龙族、德昂族、基诺族、怒族、阿昌族、普米族、布朗族 7 个民族为全国人口在 10 万以下的“人口较少民族”，总人口约 22.9 万人。

相关数据如下表：

表 1—1

民族类别	人口数量（万人）	占总人口比例（%）
彝族	502.8	10.94
哈尼族	163.0	3.55
白族	156.1	3.40
傣族	122.2	2.66
壮族	121.5	2.64
苗族	120.3	2.62
回族	69.8	1.52
傈僳族	66.8	1.45
拉祜族	47.5	1.03

资料来源：云南省第六次人口普查统计数据。

云南省世居民族最多、特有民族最多、跨境民族最多，8 个民族自治州的人口总量为1743.9万人，与2000年第五次全国人口普查相比增加127.9万人，增长7.91%，占全省人口总量的37.94%。云南省是我国民族区域自治地方最多的省份，根据少数民族聚居、散居的分布特征，实行民族自治州、自治县以及民族乡的民族自治方法。

表1—2

自治州	西双版纳傣族自治州、德宏傣族景颇族自治州、怒江傈僳族自治州、大理白族自治州、迪庆藏族自治州、红河哈尼族彝族自治州、文山壮族苗族自治州、楚雄彝族自治州
自治县	峨山彝族自治县、澜沧拉祜族自治县、江城哈尼族彝族自治县、孟连傣族拉祜族佤族自治县、西盟佤族自治县、墨江哈尼族自治县、新平彝族傣族自治县、元江哈尼族彝族傣族自治县、普洱哈尼族彝族自治县、景东彝族自治县、景谷傣族彝族自治县、镇沅彝族哈尼族拉祜族自治县、宁蒗彝族自治县、玉龙纳西族自治县、贡山独龙族怒族自治县、兰坪白族普米族自治县、巍山彝族回族自治县、南涧彝族自治县、漾濞彝族自治县、石林彝族自治县、禄劝彝族苗族自治县、屏边苗族自治县、河口瑶族自治县、金平苗族瑶族傣族自治县、沧源佤族自治县、耿马傣族佤族自治县、双江拉祜族佤族布朗族傣族自治县、寻甸回族彝族自治县、维西傈僳族自治县

从表中可以看出，云南省共有37个民族自治地方，25个世居少数民族中有18个少数民族实行民族区域自治。民族自治地方涵盖78个县（市），占全省129个县（市）的60.47%；150个民族乡，民族自治地方国土面积达27.66万平方千米，占全省总面积的70.2%。

二 云南民族自治地方教育现状

民族地区教育发展水平决定了民族地区的人力资源素质，也影响着民族地区经济社会的发展。云南省少数民族地区由于受到地理环境、文化习俗、宗教信仰等各方面影响，造成民族地区教育呈现出起点低、底子薄、教育资源不足、建设统筹不完善、失学辍学现象严重等特点，使边疆民族地区发展需求与人才缺乏的矛盾日益凸显。因此，大力发展民族教育事业、加快少数民族地区发展、扶持少数民族人才培养成为了全省当下的重要任务。

从云南省少数民族情况简介中，我们可以看出云南省少数民族人口最多的是彝族，因此在分析云南省民族自治地方教育现状的问题上，基于宁蒗彝族自治县特殊的地理环境、社会发展状况、多民族杂居、教育问题突出等特点，在云南民族自治地方教育发展中具有较强的代表性。本章通过对宁蒗彝族自治县基础教育发展现状的实地调查，可以了解出云南民族自治地方教育发展的基本现状。

宁蒗彝族自治县（以下简称宁蒗县）位于滇西北高原横断山脉中部川滇交界处，是集“山、少、偏、穷、特”为一体的国家级特困县。宁蒗县境内山区面积占总面积的98.4%，平均海拔3000米，居住着彝、汉、普米、傈僳等12个民族和摩梭人，11种少数民族占总人口的79.99%，彝族占总人口的60.75%；据第2011年宁蒗县第六次人口普查，全县总人口为258869人，其中各少数民族人口为207843人，占总人口的80.29%。宁蒗县是一个从原始共耕制、奴隶制、封建领主制并存的多种社会形态经过民主改革直接过渡到社会主义社会的特殊县份。目前，在宁蒗县各民族的生产生活方式、宗教风俗、民族生活习惯、思想意识等方面仍不同程度地带有原始社会的特点和遗风。

1956年9月经民主改革后成立的宁蒗县，生产力水平低，社会发育程度不齐，经济发展起步晚，经济基础较差，教育投入不足，教育资源缺乏、教育成本高、教育基础建设落后以及人们对教育的预期收益不高、学生家长自身对教育重视不够，再加上人口居住分散、交通不便、信息闭塞，导致宁蒗县教育环境较差、教育成效低，从客观上限制了人们的受教育机会。自改革开放以来，宁蒗县在总结对过去社会发展的经验基础上，认识到教育为社会发展提供精神动力和智力支持的重要性，宁蒗县始终秉持“治穷先治愚”的精神，大力发展教育事业，并取得显著成效。

（一）基础教育不断完善

通过调查，宁蒗县教育尽管起步晚、起点低，却呈现出发展快的态势。1951年创办第一所省立小学，标志着现代开始教育萌芽。1957年开办第一所初级中学，1972年开始兴办高中教育。1972年，成立宁蒗县第一中学、永宁乡第二中学、跑马坪乡第三中学；1981年成立宁蒗县民族中学；1982年，举办民族语文扫盲班，1984年在一些中学开设双语试点班，同时在全县开始推行‘双语’教学。随着“普九”的实施，宁蒗县农村中小学办学条件得到空前改善，教育信息化建设迈出全新步伐。

表1—3

项目	2004年				2010年			
学校	数量	教师人数	在校学生	入学率（%）	数量	教师人数	在校学生	入学率（%）
幼儿园	2	42	1834	97.2	4	81	3463	99.4
小学	356	1401	29889	99.5	264	1714	30914	99.2
初级中学	15	521	9642	86.02	16	665	12640	99.7
高级中学	2	198	3271	80.8	2	317	5235	91.2
职业中学					1	65	1720	

资料来源：宁蒗县教育局统计材料。

宁蒗县始终把教育摆在优先发展的战略地位，不断深化教育改革，举全县之力兴办教育，使宁蒗教育从教学理念、教学体制、教学结构、教学效益等方面都取得了较好的成绩。

（二）教师素质和教学质量不断提升

改革开放前，宁蒗县“致富无路，发展无门”的困境严重制约着社会经济的发展，教育落后，人口素质不高，教师素质和教学质量严重影响社会经济发展以及人口素质的提高。因此大力提高教师素质和教学质量，营造良好的教育环境，成为宁蒗县教育发展的重要基石。

在提升教师素质方面，宁蒗县教育局以创建学习型教育为载体，通过不断加强师资队伍的学习培训，不断增加中小学教师数量，优化教师队伍结构；严把教师入口关，通过政府发文面向全国高薪招聘高中骨干教师（学科带头人）；积极引进内地发达地区的优质师资资源等有效措施，把提高教师教育教学素质作为发挥教育基础性和全面性的有效途径，进一步提高教育工作者的素质、教育能力和教学水平。

在提升教学质量方面，宁蒗县通过不断建立和完善教育教学管理制度，树立“向教研要质量、向课堂要效益”的思想，以教师培训为中心，以课堂教学为主要形式，以教学竞赛、课题研究为突破口，开展教研工作，把“一切为了孩子”的理念渗透到教育教学各个环节，贯穿于每一位教师教育教学的全过程，部分教学单位在教学理念和教学方法上不断创新。

表1—4

教学单位	创新举措
贝尔中学	与上海松江区合作开展教研工作，开设“认识我的家”地方课程
跑马坪秀清希望小学	与上海交流开展“讲、提、练”的教学研究，全面推进素质教育，努力打造素质教育特色学校，以“三生教育”为切入点，引导学生树立正确的生命观、生存观和生活观
西川中心学校	推出“经典诗文朗诵”，被国家教育部将宁蒗县确定为“经典诗文朗诵”试点县
战河中学	开设“彝汉双语教学”
永宁温泉完小	开设“卫生常识”教育
民族小学	开设“普汉双语”教学班，对即将消亡的“普米韩规文化”起到了传承和保护作用

资料来源：宁蒗县教育局统计材料。

（三）教育投入不断加大，教学条件不断改善

宁蒗县为了进一步巩固和发展教育改革发展的成果，县委县政府不断加大教育投入，巩固和完善农村义务教育管理体制及教育投入机制，充分发挥公共财政的保障职能；同时，积极采取“征”“投”

“引”“捐”“贷”等方式筹措教育经费，并严格做到确保学校正常运转、校舍安全、教职工工资按照规定发放和用于实施义务教育财政拨款的“三确保”“三增长”。自2009年开始，宁蒗县财政教育支出逐年增长，为教育改革发展提供资金保障。

表1—5

年份	公共财政预算支出（万元）	财政教育支出（万元）	占有比例（%）	同比上涨（%）
2009	87281	15210	17.43	18.6
2010	103530	18328	17.7	20.5
2011	136754	25218	18.44	37.59
2012	217557	39947	18.36	58.4

资料来源：根据宁蒗县统计局资料整理。

宁蒗县在加大财政投入的同时，扎实推进中小学校舍安全工程建设、中小学校舍维修改造、中小学布局调整，争取到各教育项目资金达12980.2万元。

表1—6

项目名称	项目金额（万元）
国家教育扶持农村寄宿制建设项目	3000
世界银行贷款项目	1167
远程教育项目	411.45
一、二期贫义工程项目	2300
国家开发银行宁蒗一中改扩建项目贷款	1000
宁海民族中学改扩建项目贷款	1800
地震恢复重建项目	1800
国内外47家单位和个人投入	1501.75

由表1—6和表1—7可知，宁蒗县在不断加大教育投入的同时，积极引进校外合作项目和资金，实现各级各类学校教学配套设施基本齐全，教学设备基本达标，为全县教育事业的健康发展奠定了坚实的基础。

表1—7

援建项目	小学	初中	高中
校舍占地面积（平方米）	887864	309530	139684
校舍建筑面积（平方米）	172644	78272	37278
生均校舍面积（平方米）	5.09	6.96	7.13
藏书（万册）	10.5	10.46	10.78
教学仪器配备达标率（%）	92.3	93.75	94.61
实验教学普及合格率（%）	91.5	93.8	95.3
截至2009年，宁蒗县共援建小学118所，援建校舍面积33431平方米			

资料来源：表1—6、表1—7数据来源于宁蒗县教育局、宁蒗县统计局。

（四）教育改革深入推进，“两基”成果持续巩固

改革开放以来，宁蒗县教育进入全速发展时期。全县办学规模、办学水平大幅提升。政府管理制度不断创新，在教育中明确政府责任，通过县乡“两基”领导小组落实制，“两基”工作党政一把手责任制，签订工作目标责任书；“两基”工作四长（县长、乡长、村长、校长）负责制和挂钩联系制，县乡村校领导分片包干；“两基”工作奖励制和责任追究制；工作督办制和问责制度；工作例会制度和工作协调机制等创新发展教育制度措施，出台了《宁蒗彝族自治县中小学教育管理暂行规定》《关于加强高中教育改革与发展的决定》《宁蒗彝族自治县教育管理条例》等一系列政策措施，不断推进义务教育保障机制改革，为义务教育发展提供制度保障，促使农村中小学布局调整持续加快，教育资源得到进一步优化，义务教育均衡化发展迈出全新步伐；同时深入推进基础教育课程改革，实现课程功能的根本性转变；持续深化教育人事制度改革，基本建立

起与社会主义市场经济体制相适应、符合县情实际和教育发展规律的教育干部人事运行机制。

表1—8 单位:%

民族教育类别	2010 年	2011 年
小学适龄儿童入学率	99.0	99.2
“三类残疾”少年、儿童入学率	88.6	88.89
适龄女童入学率	98.4	99.0
小学在校生年辍学率	0.99	0.99
初中阶段毛入学率	99.4	99.7
初中在校生年辍学率	1.53	1.51
15 周岁人口初等教育完成率	98.4	99.2
17 周岁人口初级中等教育完成率	93.0	93.3
青壮年人口非文盲率	98.0	98.5

资料来源：根据《宁蒗彝族自治县教育志》整理。

追溯改革开放40年来宁蒗县教育发展历史，宁蒗县教育始终秉承“砸锅卖铁也要办教育”“治穷先治愚”“再穷不能穷教育，再苦不能苦孩子”的教学思想，坚持穷县办大教育，以“穷县不穷志”的精神，全面推进教育的改革发展。当然，在宁蒗县大力发展教育并不断取得成就的同时也存在仍待完善和加强的地方。如受“重男轻女”思想的影响，女童受教育程度相对较低；义务教育发展不均衡，普及程度主要指标不稳定；受经济条件限制，适龄儿童辍学务农或外出打工现象突出；宗教文化、民族习俗影响入学率；教育资助分配不尽合理；现代教育教学设施、信息技术设施不足等问题。

第三节 云南民族自治地方教育改革发展的特点

一 云南民族自治地方教育改革发展特点的宏观分析

云南省地处祖国西南边陲，长期以来，民族、边境和贫困地区的教育发展明显滞后。云南省委省政府始终坚持把促进民族地区的发展作为维护民族团结、巩固边防和构建和谐社会的重点工作内容，针对实际问题制定特殊政策，不断加大投入，改善民族地区生产生活条件，加快民族地区教育事业的快速发展。

《云南省中长期教育改革和发展规划纲要》中提出要着力建设“国门学校”，增加对民族地区教育事业专项经费的投入，着力改善少数民族地区教育办学条件，努力实现教学资源平等化，教育机会均等化；优先支持少数民族地区尤其是农村中小学教学设施、教学设备、教学资源标准化建设；建立健全贫困家庭学生奖助学金资助体系，提高少数民族地区学生生活费补助标准以及寄宿生生活标准；巩固和完善贫困生补助体系，动员社会力量帮助少数民族贫困地区的贫困学生；加大公共教育资源向少数民族贫困地区倾斜力度，实施专项工程、助学政策和帮扶措施，促进边远贫困地区各级各类教育协调发展；支持民族地区开展现代远程教育，扩大优质教育资源覆盖面，保障各族人民享有接受平等教育的机会。

（一）大力发展民族教育事业，广泛开展民族教育教学

云南省将少数民族地区教育事业的发展作为改革发展的重点领域及关键环节，优先发展少数民族地区教育事业，切实解决少数民族地区教育事业发展中的问题。一是进一步加大对少数民族地区教育事业的扶持力度，努力将少数民族地区学前教育纳入免费教育范围。二是加强少数民族双语教学教材译本工作，积极推进校本教材与民族文化相融合。三是进一步加大对少数民族贫困地区教育支援力度，积极开展教育对口支援。四是进一步完善少数民族地区贫困家庭学生资助、补助体系，适当提高少数民族地区学生生活补助。五是进一步加强少数民族地区寄宿制学校建设，提高寄宿制学校学生生活补助标准。六是充分利用少数民族文化资源，融合少数民族文化特色，丰富教育教学内容，创新教育教学方法。七是加强少数民族地区教育学科构建，开展少数民族刺绣技能等传统文化学习，通过开展教育活动，传承和保护民族文化。

（二）强化双语教育工作，提升少数民族地区教育水平

云南省目前主要采取学前教学、传承教学、双语选修教学、翻译理论教学、双语双文、双语单文等六种模式开展双语教学。通过少数民族对本民族语言文化的特殊情感来提高教学质量；加强少数民族地区双语教师的培养，改革和发展双语教学体制。近年来全省积极开展双语教学，加强少数民族语言文字教材建设，民族地区“双语”教学工作已经走上规范化的轨道。云南省将民族语文教材建设、民汉“双语”教师培训、“双语”教师试点学校建设作为三个教育改革发展的重点，深入开展民汉“双语”教学工作。加强对少数民族民族语文建设，对14个民族、18个文种、93种少数民族语言文字教材进行修订；审定出版民族语文教材共368本，编译审定“三生教育”（生命教育、生活教育、生存教育）民族语文教材5个民族6种文字共12本；从2009年起，云南省对少数民族地区“双语”教学校点免费发放教材；开展14个少数民族语种民汉“双语”教师培训班，培训教师达1000余人。

同时，全面改善边境地区民族教育办学条件。1996年以来，云南省投入6405万元加强口岸学校和25个边境县的一中建设，建起了127所边境口岸学校，成为对外开放的“窗口”学校。投入530万元，在12个边境县的31个贫困乡建立了贫困生助学基金；云南省财政拨出2000万元专款，加上社会筹集的1500万元，建立了高校贫困生助学基金。从2000年起，云南省拨专款1800万元，每人每年补助150元，对25个边境县（市）的近14万名小学生实行免除教科书费、杂费、文具费的“三免费”教育。

（三）努力缩小少数民族贫困地区与经济较发达地区的教育差距

近年来云南省坚持科学发展、教育优先，切实加强农村寄宿制贫困学生的生活补助，已初步建立起“免、减、助、补、扶”相结合的综合救助体系。在2000年开展“兴边富民行动”试点的基础上，先后两轮实施“兴边富民工程”，在全国率先实施“三免费”教育，努力推进云南省少数民族地区教育的健康快速发展。制定分类指导、重

点帮扶政策，加大对贫困地区的教育投入，挖掘少数民族优秀教育资源，提高教育教学的实效性，创新贫困地区教育教学方式，培育特色学校。一是改善中小学办学条件，合理调整中小学区域布局，大力发展基础教育和中等职业教育。二是加强少数民族地区教育体制改革，推进以适应建设少数民族地区社会发展教育体系为主。三是加快少数民族地区现代教育发展步伐，扩大优质教育资源覆盖面，实现教育资源平等化、教育机会均等化。

同时，加大资金投入力度，不断改善办学条件。全省财政预算内基础教育投入从2003年的79.7亿元增加到2006年的129.6亿元。财政支出中的教育经费增量部分全部用于农村教育，初步建立农村义务教育经费保障机制。第二期“贫困地区义务教育工程”、两期“边境学校建设工程”、“农村寄宿制学校建设工程”共投入资金18.2亿元，新建校舍230多万平方米。

二　云南民族自治地方教育改革发展的个案分析

通过调查，宁蒗县的教育改革发展在云南民族自治地方中具有较强的典型性。宁蒗县教育事业的发展在实践中不断摸索前进，并取得显著成效，在云南省其他少数民族地区发展教育事业中具有一定的借鉴意义，对于国家民族地区发展教育具有重要的借鉴意义。在“科技兴宁”战略的部署和实施下，宁蒗县民族教育事业实现了跨越式发展。小学适龄儿童入学率、适龄女童入学率、初中阶段毛入学率、15周岁人口初等教育完成率、17周岁人口初级中等教育完成率高达99%以上，初高中教学质量始终保持较高水平，高考成绩连年名列丽江市前茅，本科上线人数逐年增加，全县先后培养出多名市高考状元。宁蒗县教育的发展，用宁蒗人自己的话说就是“粑粑是揉出来的，教育是干出来的”。

改革开放初期，宁蒗县委县政府根据自身教育事业发展底子薄、起点低的现状，对优质教育发展地区采取“三不要”（不要户口、不要档案、不要工资介绍）政策，为来宁蒗工作的教师家属“农转非”

或安排工作等优惠政策，从全省范围内引进了30多名大专以上学历的教师，不断壮大师资队伍。随着改革开放的不断深入，宁蒗县将“教育创建”工作纳入全县重点工作之一，明确提出“狠抓基础设施建设，千方百计提高人口素质”的治县方针，按照“依法治教，依法兴教”的理念，坚持领导“换届不换思路，换人不换目标”，走一条“治穷先治愚，经济开发与智力开发相结合”的发展道路。在“科教兴宁”的战略指导下，与江苏省海安县联合办学，开创了“宁海模式”的先河，与上海市松江区形成教育对口支援的帮扶机制，在师资培训、贫困生资助、校际结对帮扶等方面达成合作，不断提高教育管理干部和教师的水平。

（一）深化教育体制改革，提供政策保障

在改革开放的大潮中，宁蒗县不断根据自身实际情况，制定并调整教育事业优先发展的战略措施。实施了《宁蒗彝族自治县教育管理条例》《宁蒗彝族自治县教育管理规定》《宁蒗彝族自治县高中骨干教师评选及津贴管理办法》等一系列政策措施。

一是实施校长公开竞聘制，坚持干部选拔任用制度，认真做好学校领导干部的任免和管理。2005年以来，宁蒗县大胆实施校长公开竞聘制，专门成立了校长竞聘领导小组，制定竞聘方案，明确竞聘程序，严明竞聘纪律，通过报名、面试、民主测评等环节，公开选拔校长。通过公开竞聘，先后聘任翠玉中心完小、翠玉中学、城关二小、民族小学校长，贝尔中学、蒗蕖中学校长及副校长，从而满足宁蒗中小学校长现代管理理念和能力更新的需求。2009年，宁蒗县人民政府出资34.2万元，支持全县中小学校长到中国西部进行教育考察活动，不断提高教师的素质。

二是实施教育“三包三保制度”（乡村领导干部包动员保入学率，学校包管理保巩固率，教师包教学保合格率）改革。积极围绕“两基”、德育、新课改、教师队伍建设等内容，重点对全县中小学开展督导评估工作；针对师德师风、“两免一补”、收费、招生、安全等热难点问题不断优化评估标准。

三是优化教育资源配置。撤销了乡（镇）教育办公室，由乡（镇）长直接负责管理教育工作。设立了教育系统财务中心，统一管理教育系统经费，进一步巩固和完善校长负责制、全员聘任制和岗位目标责任制。

（二）积极构建贫困生救助体系，努力促进教育公平

宁蒗县委县政府根据宁蒗县贫困面大、贫困程度深这一客观现实，明确提出依靠“两条腿走路办学”的方针，积极构建政府主导社会参与的贫困救助体系；加大义务教育适龄儿童入学阶段执法力度，严格要求并广泛组织动员全县各大机关部门及社会力量对单位、企业的用工情况进行执法检查，严肃清查招用童工现象；加大政府对教育经费的投入，进一步健全贫困生资助补助体系，免除义务教育阶段学杂费，并免费提供教科书，杜绝学校乱收费现象。对外来务工人员子女、留守儿童、单亲家庭子女、贫困生，做到“生活上关心、身心上关爱、学习上帮助、经济上支持”。

2005 年政府制定出台《宁蒗县关于实施扶贫工程的决定》，积极倡导全县行政事业单位干部职工开展捐资助学活动、“慈善一日捐”活动、干部职工献爱心等，这些活动累计捐资 192. 84 万元，用于资助贫困生。此外，通过妇联、团委、慈善工作站、爱德基金会、云南省青基会、滋根基金会、网友联谊会等组织和渠道，募集贫困生救助资金。近年来，全县累计受助贫困中小学生 33654 人，资助总金额已达 900 多万元，有效改善了宁蒗县学生因贫困而辍学的状况。

除此之外，社会爱心人士资助金额已达 2759 万元。宁蒗宁海民族中学的统计显示，2007—2008 学年度，仅宁海民族中学就接收到来自国内外基金会、慈善团体、爱心人士等贫困生资助共计 56 万余元，受助学生 844 人，为家庭贫困学生安心读书提供了有力的保障。

（三）建立教育发展激励机制，提升教师队伍建设

一是大力发展教师培训工作。鼓励教师参加函授、自考、三沟通、脱产进修等形式的学习，努力提高教师学历水平，教师参加函授学习的往返差旅费和书费全部予与报销；参加自学考试的，每合格一门，给予100元奖励；参加脱产进修，进修期间享受正常工作待遇；以进修学校为依托，开展教师履职晋级培训；不断增加中小学教师数量，优化教师队伍结构；严把教师入口关，对新招聘教师学历和教师资格证的取得进行严格审核把关（新增补教师学历合格率达100%）；积极引进优质师资资源［从江苏省海安县引进高中支教教师18名，县人民政府发布公告面向全国高薪招聘高中骨干教师（学科带头人）10名，吸纳上海松江区支教教师5名，哈尔滨工业大学支教教师5名，丽江教育学院支教教师5名、志愿者20名、见习生26名充实教师队伍］；高度重视县域内教师均衡配置（全县小学教师编制配备数1562人，已配备小学教师1469人，配备率为94%；全县中学教师编制配备数631人，已配备教师586人，配备率为92.9%）；委托市一中兴办“高师预科班”，为地方经济建设和教育事业提供有力的人才保障，以走出去、引进来的方式，大面积培训教师，卓有成效的培训使全县师资队伍整体水平明显提高。

表1—9

培训类别	人次
省级骨干教师培训	7
教师履职晋级培训	1013
新教师岗前培训	240
高中新课程改革教师培训	127
“国培计划”远程教师培训	148
“国培计划”短期教师培训	48
“贝尔公司培训项目”初中班主任培训	127
“贝尔公司培训项目”小学英语教师培训	87
教师进修学校送教下乡中小学教师“二类”培训	3846

资料来源：宁蒗县教育局2010年教师培训工作记录。

2010 年宁蒗县累计培训教师 5595 人次，截至目前，全县教师参加省级培训 8000 多人次，市级培训 5000 多人次，邀请昆三中教师及上海松江区教育专家对宁蒗县中小学教师开展县级培训 1800 多人次。

二是建立教育发展奖励机制。为了将教育发展的好势头继续保持下去，宁蒗县每年设立 40 万元教育奖励基金，奖励有突出贡献的教育工作者。从 2007 年开始，宁蒗县实施骨干教师评选及津贴管理办法，每年评选 30 名具有突出贡献的骨干教师，每人每月享受政府津贴 800 元，连续五年被评为骨干教师的，政府给予一次性奖金 10000 元。同时设立了"优秀学校奖""先进学校奖""教育科研奖""学校特色奖""教学质量奖""先进学校校长奖""百名优秀教师及先进教育工作者奖""高考上线 600 分以上考生及学校奖""单科成绩奖"等奖励机制。

（四）创新教育方式，确保适龄女童的教育机会

为了解决少数民族女子入学率和完学率，宁蒗县通过高中招生降低 30 分录取、举办"春蕾班"、创办民族中学初中女子部等有效措施，取得很好的效果。由于宁蒗县是从奴隶社会和封建领主制社会直接过渡到社会主义社会的，各民族中"重男轻女"的现象十分严重，致使女童入学率偏低。

表 1—10

年级	总人数	女生人数	适龄儿童入学率	少数民族女童入学率
学前班	48	23	76.3%	25%
一年级	28	12		
二年级	23	5		
三年级	28	4		
四年级	31	8		
五年级	23	0		
六年级	10	0		

图注：以 1990 年少数民族聚居地中全县办的较好的牦牛坪完小为例。

由图表可知，少数民族聚居区适龄儿童入学人数与高年级发展成反比，越往高年级，人数越少，女童就更少。通过调查数据显示，一些少数民族聚居的小学高年级和初中班，已经没有女生；全县少数民族妇女就学、招工、招干的比例严重失衡，少数民族妇女干部青黄不接，就连本应女同志担任的计划生育干事，也不得不由男同志担任［全县 16 乡（镇）计划生育专职干事全部是男同志，91 个行政村的计划生育宣传员中，仅有 7 名女同志］。

为了提高宁蒗县少数民族女童入学率、努力培养少数民族妇女干部，1991 年宁蒗县人民政府向省教委提交了《关于请求扶持开办我县民族女子中学的请示》。在申请民族女子小学和民族女子中学未果的情况下，1991 年 6 月，宁蒗县人民政府再次向省教委提交《关于要求扶持增设宁蒗民族中学女生部的请示》。7 月，宁蒗县人民政府又向丽江行署提交《关于请求扶持开办民族中学女子部的请示》。9 月，利用宁蒗民族中学现有校舍，创办了首期“民族女子班”。1992 年通过政府投资和“世界银行贷款基础教育发展项目”筹资修建民族中学女子部教学楼，成立宁蒗县民族中学女子部，有效地促进了女童接受教育，实现入学男女教育公平。

表 1—11

年份	女童入学率（%）	女童平均受教育年限
1991	30.5	2
2005	91.7	5.2
2010	99	5.8

图表说明：参考宁蒗县档案局，选取女童教育发展 10 年的三个时间点作为参考。

据统计，从 1991 年到 2011 年，宁蒗女子教育走过了 20 年的历程，先后筹建了女子初 21 班、初 26 班、初 29 班、初 32 班、初 35 班、初 38 班、初 41 班、初 47 班、初 78 班、初 88 班、邓颖超班、周恩来班等15班民族女子班，共培养了各民族妇女1000多人。

（五）实施教育资源“引进来”战略，开创“宁海模式”

改革开放初期，宁蒗县委县政府与海安县达成合作协议，由宁蒗县提供办学设施及办学经费，海安县派遣支教教师，共同创办一所初级中学——宁蒗县宁海中学。1993年，合作范围从初中教育拓展到高中教育，2007年延伸到职业高中教育合作。宁蒗与海安达成“订单式”培养，“半工半读”职业教育合作模式。教育合作在随后的20多年里，共有200余名教师到宁蒗县支教。海安教师把先进的教学理念、科学的管理方法以及现代文化观念带到了宁蒗县，创造出了被誉为中西部教育合作的典范的“宁海模式”，开创了中西部教育合作的典范。至2003年，宁蒗县民族中学升学率连续9年保持第一；2007年，宁蒗首届216名职业高中学生前往海安县学习；2008年，海安县和宁蒗县共同特邀江苏新华日报社总编携记者到宁蒗县开展“宁海教育合作二十年访谈活动”。

“宁海模式”的创始人阿苏大岭认为，社会的发展归根结底是人的发展。“宁海模式”的产生、发展，是真正是“十年树木，百年树人”，从根本上解决宁蒗县教育改革发展的瓶颈问题，是谋求地方发展的一条“捷径”。如今，“宁海模式”产生的巨大效应也在发生嬗变，宁海两地的合作已经由教育合作逐步向更宽广的经济文化领域延伸。

（六）大力发展教育对口支援工程

一是建立上海贝尔阿尔卡特宁蒗希望中学。2003年，上海贝尔阿尔卡特股份有限公司积极响应党中央国务院“开发西部、支援边疆”的口号，将宁蒗县作为公司对口扶贫点，通过实地调查，以教育脱贫为切入点，采取投入资金、修建教学楼、改善教学设备、资助贫困生、加强师资培训等方式，全方位支援宁蒗县的教育事业。同年9月，宁海中学（1988年宁蒗县与海安县联合创办，2001年三轮支教结束，改由本地教师承办）易名为“上海贝尔阿尔卡特宁蒗希望中学”（简称为贝尔中学）。先后投入500万元作为校园建设费用，重点完善基础设施，扩建校园面积、加大校舍及教学用房建设、配套设备实验室，开设多媒体教室、微机教室、教师电子备课室、音乐室、校园广播网等，从2005年开始每年出资20多万元培训本土教师，并派来优秀教师帮助教学。2007年，上海市松江区教育局局长徐界生同志率淞江区教委领导一行到宁蒗进行教育考察，他由衷地感叹："宁蒗的贫困程度令人难以想象，教育事业的超前发展却令人油然而生敬意。"

二是哈工大支教队扎根宁蒗县。哈尔滨工业大学研究生支教团队（简称哈工大支教队），哈尔滨工业大学响应支援西部计划。2003年第一届（目前已是第十一届）哈工大支教队一行7人来到宁蒗县，其中3人在民中，4人在一中。支教人的教学理念、育学方法得到了当地老师、家长、学生的一致好评，对当地的教育事业发展和扶贫助学做出了突出贡献，将希望带给了贫困山区的孩子们。此次实地调研，调查组采访到哈工大支教队在宁蒗县一中支教时在读的一位彝族学生拉马尔干（现已工作），在谈到哈工大支教队时，他感受颇深。"我读高一那年，听说有外面的老师来支教，没想到其中一位王老师正好教我们班的化学。一个个子小小的、白白的男生，是和他女朋友一块来我们学校支教的，不得不佩服的是一个大城市来的人愿意到我们这里支教，我们这里的人都梦想着翻过大山，挖开梁子，走出去看看外面的世界，所以挺不能理解的。王老师上课很认真，性格好，脾气好，从不打骂学生，他的普通话是我读到高一所有老师里说的最好的，当然教学水平和教学理念也是很优秀的，不得不说，他们的到来，为小凉山的教育做出了重要贡献，现在我都一直挺怀念王老师教我们的日子。""小凉山是个很奇怪的地方，经济落后，人均收入不高，但家长们都赶着孩子上学，哪怕卖猪卖牛，也要让孩子读上书、吃饱饭。在所有山区彝族家庭的观念里，读书就是为了不吃洋芋（因为家庭条件差，只能把洋芋作为彝族家庭的主食）。"

（七）助力"双语"教学，促进成人教育及扫盲教育新发展

近年来，宁蒗县积极开展双语教学，推进少数民族"双语"教学工作走上规范化轨道，以宁蒗县普米族"双语"教学工作情况为例，普米族是宁蒗县的世居民族，也是全国人口较少民族，由于居

住分散，大约有40%的普米族失去本民族母语，普米族传统文化面临失传，被民族学者定性为濒危语言。针对这一实际情况，宁蒗县相关部门高度重视普米文化的保护和传承，在县普米族传统文化保护协会的大力支持下，创办了普米族双语教学班。从2010年开始，宁蒗县在县民族小学开办普米族双语教学班，面向全县招收普米族农村学生，每年从小学4年级学生中择优招收50名普米族学生编成一个双语班，双语班实行寄宿制，采用汉语和普米语教学，每星期安排4节普米语课程。

普米双语班的办学模式普遍受到家长及社会的欢迎和好评。宁蒗县在小学创办双语班，尝试在现代教育中传承并弘扬濒危的普米语言文化，这在全国少数民族双语教学中同样具有典型性。

另外，借助在少数民族聚居区域开展“双语”教学的契机，开办民族文化学校，配备了扫盲干事，用民族语文扫盲的方式，把“双语”教学、成人教育及扫盲教育相融合，开创颇具民族特色的教学模式，并取得显著成效。

表1—12

年份	扫盲人数	文盲率（%）
2001	6058	28
2002	5312	22
2003	5279	16
2004	5031	5

注：2001—2004年是宁蒗县成人教育及扫盲率取得重大发展的4年，具有代表性，故做此数据分析。

第四节　云南省民族自治地方教育改革发展存在的问题

改革开放40年以来，云南省民族自治地方教育依据实际不断创新，不断改进民族教育的工作方法，取得重大成果，促进了民族自治地方政治、经济、文化的发展繁荣。基于云南省少数民族地区自然条件恶劣，社会生产力相对低下，部分少数民族地区教育事业的发展仍存在一定的不足和问题。

一　教育投入不足，导致地方负债办学现象普遍存在

2000年以来，随着全国范围内“普九”工作的展开，各地方政府部门把“普九”纳入党政干部政绩考核内容，导致地方政府为了达到“普九”目标，忽视自身实际情况，“花明天的钱，办今天的教育”，大打“普九”攻坚仗。在财政支出困难的情况下，部分经济落后的民族地区出现通过贷款或工程垫资等方式办学的现象。农村税费改革、农村教育管理体制由“分级办学，分级管理”转为“以县为主”，各级中小学教师工资由县财政统一发放。这些改革，导致地方财政萎缩，难以承担教育投入。对于财政困难的县来讲，这些政策的实施无疑带来更大的经济负担。

以宁蒗县为例，宁蒗县为国家级贫困县，县财政教育经费严重不足的问题突出，宁蒗县为普及九年义务教育已欠债近2000万元。目前全县所有农村中小学校舍维修、基础设施建设、设备购置等均依靠地方政府财政公用经费支出。而经济落后、公用经费短缺导致农村中小学校舍不足、教学设备未达标。同时，部分农村乡镇中小学出现因修建教学楼、食堂、宿舍、操场等设施而负债；还有的是因拖欠办公费、教师工资、教师奖金等导致质师资流失严重。

二　双语教育发展滞后、缓慢

少数民族地区学生使用的教材以全国统编为主，统编教材多以汉语为主。其内容很容易被大部分地区的学生接受，即使生活在少数民族地区的汉族学生，他们也可以利用自有家庭环境、生活习惯、知识经验、行为方式来接受统编教材所体现出的世界观、人生观、价值观。同时，统编教材也忽略了少数民族独特的生活环境、宗教习俗、民族

礼仪文化等对少数民族学生产生的影响。少数民族学生在接受教育过程中，不但使用汉语，也使用本民族语言进行沟通，而统编教材在一定程度上脱离少数民族地区的特殊情况以及少数民族传统文化。因此，更易造成少数民族学生在接受教育中对知识认知的偏差，认为教材内容不实际，离我们的生活太远。尤其是语言文字掌握的不熟练，往往会造成少数民族学生在同学中间感到自卑，自信心不足。突出表现在：一是单方汉语教学，容易造成少数民族学生在接受教育过程中，为快速融入教学环境，割舍本民族语言。加强学习汉语，在一定程度上会影响少数民族语言文化的传承。二是单方汉语教材，容易造成少数民族学生对传统文化及文字日渐陌生，最终往往是以抛弃民族语言文字而告终。三是编写经费不足，专业人才匮乏等原因，导致少数民族语言文字的报刊书籍严重缺乏。

目前，云南少数民族人口中约 600 万人不通汉语。14 个少数民族用 20 种文字或拼音扫盲，有 11 个少数民族小学生使用 14 种文字。云南少数民族使用民族语言的情况大致有三种类型：

表 1—13

母语型	700 万人	多聚居于边疆和山区
兼语型	300 万人	民族杂居区、集镇或交通要道附近
汉语型	100 万人	多居住于汉语占绝对优势的杂居区

双语教学发展缓慢主要原因有以下几个方面，一是由少数民族学生自身主观因素导致的，这些学生学习汉语主动性不够，造成汉语口语表达能力低下，社会交际能力弱，在学校成为了汉语使用的“弱势群体”，从而对学习以及生活缺乏安全感，心理上容易产生自卑感；二是经费匮乏，双语教材难以普及；三是双语教学的师资缺乏，有的学校由于没有双语教师，无法开展双语教学。

表 1—14

双语单文教师 10635 人		双语双文教师 2301 人	
本科	126 人	本科	24 人
专科	2737 人	专科	368 人
中专	6259 人	中专	1484 人
高中	1482 人	高中	407 人
语文教师	4669 人	语文教师	486 人
数学教师	3717 人	数学教师	427 人
其他学科教师	1046 人	其他学科教师	16 人

据 2005 年的相关统计显示，全省双语教师约占小学专任教师总数的 5.6%。此次调研团队就双语教学情况深入宁蒗县一些乡镇调查。红桥乡属于山坝结合区，山峰林立，海拔落差高，气候差异大，居民多数系彝族和汉族，有少数普米族、纳西族、独龙族、藏族、傈僳族居住；红桥乡设中学 1 所、小学 30 所，其中完小 7 所，在校学生 2203 名。新营盘村隶属宁蒗彝族自治县新营盘乡，是新营盘乡政府所在地，交通方便，距宁蒗彝族自治县 20 千米。海拔 2500 米，年平均气温 11℃，截至 2008 年年底，该村建有小学 3 所，校舍建筑面积 6550 平方米，拥有教师 42 人，距离乡中学 1 千米。整个行政村农村义务教育在校学生 494 人，其中小学生 331 人，中学生 163 人。战河乡全乡共有中心完小 1 所，村委会完小 7 所和村小 19 个，教职员工 173 人，其中 36 人为临时从村子里聘请的代课教师，小学生 2279 人，中学生 1038 人。三个乡的调查结果显示目前各乡中学及完小有 20% 左右的小学生每天至少要走 5 千米以上的山路才能进校读书，很多村小教室已成危房，部分村小则借着民房上课，学校布点不够、师资缺乏的问题尤为突出。

宁蒗县双语教学师资缺乏的主要原因有以下两个方面：一是由于宁蒗县所处自然环境条件艰苦，实施双语教学的校点多数是一师一校，教学点分散，不少校点属高寒山区，环境差、条件苦、工作累、任务重，没有特殊待遇，评职称、评先进、晋级没有优惠政策。因而，造成专职双语教师紧缺。二是双语教学教师以代课教师为主，没有经过正式培训，缺乏教学理论和经验，教学方法单一，专业文化素质不高。三是农村部分中小学双语教师很难做到两全其美，熟知少数民族语言与汉语文化水平呈反向发展。在永宁乡我们了解到，部分教学点代课老师仅仅是初中学历，这显然无法胜任小学基础教育。据我们了解，宁蒗县的公办教师进行的是包班教学，即一名教师负责一个班的所有教学内容，部分学校还存在一师多班现象。

长期以来，少数民族地区的教育在强调科学教育的同时，忽视了对少数民族学生的人文教育。少数民族地区教育在一定程度上丧失了民族文化的独特性，少数民族教学理论的空白，双语教学理论的空缺，民族传统文化建设的滞后，致使少数民族地区教育缺乏多元文化理念，这往往导致少数民族学生被动接受现代教育，忽视了对本民族文化及传统知识的传承，从而少数民族传统文化流失的速度越来越快。

三　师资力量缺乏，教学设施落后

云南省民族地区教育师资不足主要体现在以下几个方面：一是师资队伍素质偏低。教师多以函授、成人高考等方式取得学历，而且许多教师为了保证顺利毕业，调换了专业，学历提升但专业素质并没有得到根本改善。二是农村中小学师资严重不足。由于实行了“以县为主”的管理体制，教师工资由县财政统筹，造成各县财政负担加剧，无法及时补充师资队伍。另外，农村中小学教师的待遇低，许多师范院校毕业生不愿意到农村中小学任教，而优秀的农村中小学教师则又设法向城镇流动，造成了农村中小学教师人手紧张。三是整个教师队伍流失现象严重。当前实施的教师人事制度改革，使得教师的流动合理化，不少教师想尽办法向生活方便、福利待遇好的地区流动。

云南少数民族地区大多山高谷深，村落分散，全省有 5 个州市的人口密度不足 55 人/平方千米。政府本着方便群众子女就近入学的原则，积极发动群众办学，村村有学校，从客观上造成了学校布局缺乏合理性，极大地制约了教育的发展。在教学设施方面，突出问题主要表现在以下两个方面：一是校舍安全性差。各民族地区调查结果显示，2004 年云南全省有中小学危房 574.57 万平方米，危房率高达 13.2%，因此加快中小学危房改造在云南显得十分重要和紧迫。二是学生宿舍不足。云南的少数民族地区由于多处山区，居住分散，学生寄宿的需求大。而许多地方由于经费有限，无法满足多数学生的寄宿需求。

四 贫困生救助体系有待完善

云南省民族地区经济发展相对落后，许多家庭经济困难，尤其是偏远农村的经济发展较为缓慢，适龄青少年因家庭贫困而辍学的现象较为明显。尽管历年来政府对教育投入不断加大，但仍然很难满足教育发展的需求。以宁蒗县烂泥箐乡为例。烂泥箐乡属高海拔低气温的冷凉地区，是小凉山彝族文化的发源地，坐落于牦牛坪最高峰，是全县典型的彝族特困乡，境内崇山峻岭，山高谷深，最高海拔 3500 米，最低海拔 2700 米。年平均气温 10℃，年降水量 900 毫米。特殊的地理特征导致出产单一，农作物以土豆、荞麦为主，平均亩产量不到 600 斤，年人均收入大多数在 600 元左右，形成了吃饭靠返销，穿衣靠救济，人们生活水平极为低下，还过着刀耕火种的原始生活。居住分散，地广人稀，道路坎坷，信息闭塞，贫困面广，贫困程度深。截至 2011 年 11 月初，烂泥箐乡大拉坝完小和万桃完小才正式通电。麦地河完小，有 300 多名师生在学校几乎从不吃午饭，少数孩子会用塑料袋装上一些冷饭、荞饼等食物，带到学校充饥。这样的学校并非个案，要解决这些问题，必须建立较为完善的救助体系。

五 宗教信仰和风俗习惯对教育发展具有一定的影响

云南省是一个多民族共生共荣的地方，许多少数民族有早婚习俗，并且宗教信仰普遍存在。以宁蒗县为例，宁蒗县少数民族以彝族居多，教育受到民族风俗习惯影响程度较深。一是早婚习俗普遍存在，其中多以定娃娃亲和事实婚姻为主。当地彝族尤其是农村偏远地区，往往仅十四五岁就按照家庭的安排组织家庭，形成事实婚姻。二是宗教信仰影响大。宁蒗县十二个少数民族中，宗教信仰现象普遍存在。如彝族，原始宗教信仰，其中包括毕摩、苏尼文化，有毕摩血统的家庭，会在自己家庭或其他同族同姓的家庭里选择一到二个男生作为接班人培养，让孩子从小跟随学习彝族文化和毕摩文化。而彝族本身支系种类繁多，家族姓别也多样，每一个彝族聚居区都有数十名毕摩。所以，在一定程度上对适龄儿童入学形成影响因素。宁蒗县藏族、摩梭人、傈僳族除信仰佛教外，不少群众还信仰基督教等宗教，有点地方还建有喇嘛寺。所以有部分适龄儿童辍学学习宗教佛法的现象。

六　边境少数民族地区的教育问题突出

云南省与越南、老挝、缅甸三个国家接壤，陆地边境线 4060 千米，有 16 个跨境民族跨境而居，占全国跨境民族的 47%；云南省 25 个边境县（市）全部为少数民族地区，是我国跨境民族最多的省份。边境少数民族地区既是贫困人口较为集中、贫困程度较深、扶贫难度较大的地区，又是政治、民族、宗教、生态等方面非常敏感的地区。云南省 4060 千米的边境沿线有 1337 所行政村以下小学校（教学点），其中村完小 304 所、小学校（教学点）1033 所，边境地区乡村中小学校的办学条件有待改善。同时，境外文化在不断向国内渗透，不断向学生灌输和传授其思想意识、价值观和文化认知，因而出现国家认同脆弱，国家意识及民族认同边缘化的倾向。

第五节　云南省民族自治地方教育改革发展的对策建议

早在 1992 年，中央民族工作会议就强调，“少数民族和民族地区的经济社会发展，直接关系到我国整个现代化建设目标的顺利实现。推动各民族发展进步和共同繁荣不仅是个经济问题，而且是个政治问题”。随着云南省桥头堡战略的部署实施，少数民族地区经济文化的发展成为迫切任务，其中以教育发展更为突出。根据云南省少数民族地区教育发展的现状和特点，以及目前取得的成就和仍然存在的问题，要通过加强政府主导作用，继续执行对少数民族和民族地区的各项优惠政策，进一步提高少数民族受教育水平，加快少数民族地区教育改革发展，促进教育公平。

一 扩大优质教育资源覆盖面

《中国教育改革和发展纲要》规定，要逐步建立以国家财政拨款为主，辅之以征收用于教育的税费、收取非义务教育阶段学生学杂费、校办产业收入、社会捐资集资和设立教育基金等多种渠道筹措教育经费的体制。要通过加强政府教育投入，实施对口帮扶，进一步改善少数民族地区的教学条件，积极开展实施“贫困地区义务教育工程”和“义务教育危房改造工程”，提高贫困寄宿生的生活补贴标准，减轻贫困家庭的负担，确保贫困学生进得来、留得住、学得好；加大民族地区寄宿制学校建设力度，增加建设一批寄宿制民族中小学校和高中民族班、民族预科班、特有民族中专班，提高寄宿学生生活补助标准，扩大寄宿制民族中学办学规模；加大贫困学生资助体系力度，开展少数民族地区贫困学生的专项助学政策，放宽贫困的标准，扩大贫困生的比例，全面扩大营养改善计划和“两免一补”政策覆盖受益范围；继续开展“希望工程”“春蕾计划”，积极推动农村义务教育学生营养改善计划顺利实施，多渠道促进义务教育公平发展；加快教育改革步伐，鼓励社会办学，放开非义务教育阶段教育市场，加速教育产业化进程；改革城乡义务教育投入“二元机制”，逐步取消城乡分割的教育投入机制，加大对少数民族贫困地区转移支付力度，填补民族地区义务教育资金缺口。

二 加大基础教育设施的布局和建设力度，提高教育与少数民族地区社会发展需求的适应性

按照“加速做大城区，积极巩固现区，逐步优化山区”的总体思路，坚持“以集中办学为方向，宜并则并，需增则增”的原则，对学

校布局调整要因地制宜，加快学校教育网点布局的调整，并与农村产业结构调整、城镇化建设的需要结合，与学生受教育的需求结合起来，确保学生不因布局调整而失学；积极开展“农村寄宿制学校建设工程”，加强对学校布局的管理，办好“寄宿制”学校，把调整校点、寄宿制学校建设和增加投入有机结合；加大教育资源整合力度，满足群众受教育需求，做到城乡教育统筹发展、均衡发展、科学发展；改进少数民族地区传统教育方式，发展现代教育，体现教育人的本性、开放性、变革性，坚持做到教育以人为本，实现教育平等化、大众化；加强地方课程开发，增强教育内容对地方社会、经济、文化的适应性；加强地方特色文化建设，根据少数民族聚居区社会发展需求，提高教育内容与教育结构的适应性，可以建立起完善的适应当地社会、经济、文化需求的地方课程，增强教育的服务功能。

三　立足民族文化，发展多元化教育

每一种民族文化和社会文化都是在人类物质实践活动和社会发展的需求中产生的，它们在特定的时空或者是特定的人群中都有其存在的价值和意义。因此，云南省少数民族地区教育体制改革过程中，要把少数民族文化纳入国家教育体系中，结合少数民族文化，形成少数民族对本民族历史和文化内涵的认知，增强其民族意识和多民族国家观念的认同。民族地区教育要获得长足的发展，必须转变运行机制，从传统的发展模式中走出来，努力挖掘自身潜力，充分发挥和调动当地各族人民的自主性、积极性和创造性，增强活力和提高效率，找出一条独具特色、加快发展的办学新路，扩大自主发展的空间，增强自我发展的能力。

通过多元化教育，以社会主义核心价值观为指导，整合民族文化资产，努力做到文化教育的多元共生。在发展多元化教育过程中，要使少数民族在文化的自我认识方面，对本民族文化的历史、内涵和价值有清醒认识，同时在文化的历史责任方面，要对本民族文化的发展有强烈认可感，具有展示本民族文化的高度自觉性。在文化的创新方面，要本着兼容并包的态度，学习外来文化。另外，文化的传承和教育需要通过教师来引导。云南省目前针对少数民族地区推行的“双语教学”应注重少数民族教师的培养，提高少数民族教师队伍的素质，促使少数民族教师和少数民族学生有共同的文化背景、共同的生活习惯；为了提高教育的实效性，基础教育要以母语为先导，先民后汉，以民促汉，达到民汉兼通，提升民族教育的质量。

四　改变少数民族地区落后保守的观念

正如恩格斯所说：“传统是一种巨大的阻力，是历史的惰性力。”云南省一些少数民族地区还存在落后保守的观念，主要体现在：“靠天吃饭”“安土为本”的传统农业生产生活观念；“小富即安”和依赖思想的狭隘观念；轻视知识的价值观念；挥霍浪费的畸形消费观念；早婚多育的生育文化观念；重男轻女的封建思想观念；保宗弃汉的宗教文化观念；因此，在推进少数民族地区教育改革发展的过程中，我们要从以下几个方面着手：一是利用民族地区独特的资源优势，调整产业结构，发展多种经营，克服封闭、守旧观念，增强市场意识。二是大力发展教育事业，扩大科技信息输入，建立健全农村科技服务体系，加强技术培训，发展典型科技示范，加强科技能力建设。三是加强剩余劳动力输出，鼓励人口流动，增强谋生意识，寻求致富路径。四是落实基础教育，转变传统生育观念，控制人口盲目增长，实现人口优生优育，全面提升人口素质。五是转变消费观念，提倡合理消费，适度消费，形成节约意识。六是解放思想，更新观念，正确对待宗教文化，取其精华去其糟粕，积极引导同社会主义相适应的宗教价值观。

五　切实加强少数民族地区师资队伍建设

党的十八大报告提出，要“加强教师队伍建设，提高师德水平和业务能力，增强教师教书育人的荣誉感和责任感”。云南省在加强师资队伍建设时，要考虑民族地区教育发展校点多、分布散、条件苦、设施差等特点，合理核定民族地区教职工编制制度，适当放宽民族地区中小学教师编制；转变教师教育观念，创新教学方法，适应教育改革发展需求；实行教师资格制度和教师聘任制度；开展实施区域内教师交流制度，强化农村教师进修培训；制定实施农村教师脱产进修及农村教师终身教育制度。

第二章

云南民族自治地方民族文化建设研究

党的十九大报告提出："文化是一个国家、一个民族的灵魂。文化兴国运兴，文化强民族强。没有高度的文化自信，没有文化的繁荣昌盛，就没有中华民族伟大复兴。要坚持中国特色社会主义文化发展道路，激发全民族文化创造活动，建设社会主义文化强国"。[①]

文化产生于社会特定的经济政治基础上，受社会经济政治发展的制约和影响，但在社会的进步发展中，发挥着引领社会发展方向、凝聚奋斗力量、促进社会和谐稳定等方面不可替代的重大作用。在实现社会主义现代化和中华民族伟大复兴的奋斗目标中，发展和繁荣社会主义文化具有凸显的重要位置，从世界范围来看，许多国家都把文化软实力的提升作为重要的内容。在国际竞争中，我们不难发现，谁在文化发展的制高点上，谁就可以起到引领的作用，谁就能够在激烈的国际竞争中得主动权。在我国文化建设中，我们要大力弘扬中华民族几千年形成的优秀传统文化，不断推进社会主义先进文化建设，努力扩大中华民族的文化在国际上的影响力、号召力和吸引力，最终提升文化软实力，在国际竞争中，牢牢控制文化发展的主动权和话语权。在信息飞速发展的互联网时代，维护国家的文化安全，已经成为中国

---

① 习近平：《决胜全面建成小康社会，夺取新时代中国特色社会主义伟大胜利——在中国共产党第十九次全国代表大会上的讲话》，人民出版社2018年版。

特色社会主义现代化建设总布局的重要组成部分，已经成为中国特色社会主义发展的重要任务。

第一节　民族文化发展建设的重要意义

我们党历来高度重视共同思想基础的建设。共同的思想基础，是一个党、一个国家、一个民族赖以存在和发展的根本前提。没有共同的思想基础，党就会瓦解，社会就会动荡，国家就会分裂。“社会主义核心价值观是当代中国的集中体现，凝结着全体人民共同的价值追求。”[①] 发展社会主义文化，建设社会主义核心价值体现，明确揭示了我们共同思想基础的基本内涵和要求，是巩固全党全国人民团结奋斗的共同思想基础的需要，将会推动全党全社会更加自觉地维护我们的共同思想基础。全面提高公民道德素质是社会主义道德建设的基本任务。当前我国改革开放深入发展，社会处于转型时期，在改革开放取得巨大成就的同时，也凸显了诸多矛盾，特别是利益多样化而引起的各种利益冲突。这就需要对各种利益关系、社会矛盾进行调控和处理，以达到社会和谐稳定。在这个过程中，社会主义文化建设能够提供社会和谐稳定的价值追求和文化认同，对弘扬正气、凝聚人心，沟通情感、增进友爱，和睦相处、彼此融合，引导人们超越民族、城乡、地域以及社会阶层等方面的差异，消除彼此之间的分歧和隔阂，解开人们的思想困惑，化解人们的思想矛盾，最大限度地增强和谐因素、减少不和谐因素，齐心协力构建社会主义和谐社会。

我们在全面建成小康社会的过程中，我们不但要让人民有殷实的物质生活，还要让人民拥有丰富的精神生活。要时刻保持清醒的认识，人民的精神生活建设，也是我们建成小康社会的基本内容，任何时候都不应该偏废。文化直接关系民生幸福。不断增加社会生活中和谐因

---

① 习近平：《决胜全面建成小康社会，夺取新时代中国特色社会主义伟大胜利——在中国共产党第十九次全国代表大会上的讲话》，人民出版社2018年版。

素是社会主义文化建设的重要内容。为构建和谐中国培育良好的社会环境、可靠的政治保障。

我们在判断一个国家是否富强、民族是否振兴时，文化实力和竞争力是一个重要的评判指标。因为，正如前文提到的一样，每一个民族的民族文化是该民族生存发展的源泉和根基，也是该民族的血脉和精神家园，更是一个民族整体素质的重要体现。各个民族的文化体现了各个民族的认同感、归属感，反映了民族的生命力、凝聚力。失去了民族文化传统，就如同浮萍，没有了根；就如同人，失去了灵魂；就如同流浪者，失去了家园。经济社会发展越快，越需要思想道德的引领、科学文化的支持，对文化的发展提出的要求越高。

一 文化及民族文化的含义

文化是当今世界最难解释的概念之一，人们对于文化的理解众说纷纭、莫衷一是，人们有关文化理论的差异往往源于对文化的不同理解。在社会科学领域，对于文化的概念解释争论不休且歧异层出，到20世纪70年代，世界文献中的文化定义已达到250多种。[①] 而联合国教科文组织则倾向于将文化理解为"人类生活方式的总和"，[②] 这种理解是人类学角度的理解，采用这种理解是为了在世界范围内达成一种承认和保护文化多样性的共识，从20世纪90年代起风行起来的文化多样性的提法，就是基于这个定义，即文化，是指人类生活方式的总和。

汉语的"文化"一词最早出现在汉代刘向的《说苑·指武》篇中，后来的《晋书》有"文化内辑，武功外悠"之语。可见，中国传统的"文化"有与武力、武功相对应的含义，有所谓"文治武功"之说。在我国古代，"文化"通常有与"文""人文"和"文明"相近的含义，而且主要指精神文化。

---

① 林耀华：《民族学通论》，中央民族大学出版社1997年版。

② 张玉国译：《文化多样性与人类全面发展——世界文化与发展委员会报告》，广东人民出版社2006年版。

英国文化人类学家泰勒是最早给“文化”（culture）下定义的人，他在《原始文化》一书中说道：“文化是一个复合的整体，包括知识、信仰、艺术、道德、法律、风俗，以及人类在社会里所获得的一切能力与习惯。”[①] 从泰勒所处的时代至今，文化人类学已经成为一门学科，人们对文化作了大量的研究。在西方有影响的文化定义多达上百种。美国人类学家克鲁克·洪认为，文化是一种行为模式，它包括外显的和内隐的模式。大多数文化研究者认为，文化是人类所创造的物质财富和精神财富的总和以及创造财富的行为模式和能力。

在西方，文化概念包括大文化和亚文化（subculture）两个层次。加拿大学者鲍德里奇指出：“任何族群，凡在某些方面与社会主导性文化的价值体系不同者，都被称为亚文化。”“亚文化通常会产生特殊的生活方式、语言和价值体系。”如宗教就是一种亚文化，其包含着特殊人群的生活方式和价值观。

综上所述，我们认为，文化的内涵非常广博，概念的定义也较为丰富。文化应该是对人们的物质生活与精神生活的价值取向、行为模式有着指导、支配作用，社会成员共同享用并且共同传递的知识、道德、信仰、法律、教育、艺术等方面的总和。总而言之，文化既是各民族共同的一种社会生活方式，又是各民族共同的一种精神内在价值的体系构成。

每一个民族的固有文化，都是该民族的一个重要特征的体现。各民族的文化是民族存在的根本基础，各民族在自己固有的文化价值指导下，为每一个民族的发展提供源源不断的动力。民族作为一个实体，它之所以作为各个民族共同体而存在，其中的一个重要的原因，就在于各个民族所拥有的独特文化。任何一个民族有别于另外的一个民族，其根本就在于每一个民族的民族心理、民族意识、风俗习惯等方面具有独特的文化烙印。因此，民族文化就成为民族之间相互区别的标志。

---

① 转引自杨顺清《繁荣发展少数民族文化的原则与政策浅析》，《西南民族大学学报》（人文社科版）2007 年 11 月 10 日。

虽然学术界对“民族”的定义存在争议，但对大多数学者都认同“文化是各个民族的重要特征”。文化的发展对推动各民族的发展有着重要的作用，各民族文化的繁荣发展，对促进民族和民族地区的繁荣和发展起着特殊的作用。反过来，文化发展的滞后，对民族和民族地区的发展起着制约的反作用。从一个国家来说，民族文化繁荣发展，就能够不断增强该国的各族人民的凝聚力和国家自豪感，同样，又会推动国家和民族不断走向繁荣。如果一个国家的民族文化衰败，那么，就会无形削弱各个民族的发展动力，换句话说，民族发展就会失去动力源泉。因此，我们在对一个民族进行了解时，我们必须先了解这个民族的文化特征；我们要尊重一个民族，必须尊重这个民族经过历史沉淀下来的文化；每一个国家在发展一个民族时，制定的政策、措施必须包含民族文化的发展。可以说，文化是一个国家乃至一个民族的重要标志。正如费孝通先生指出的那样：“一个民族总是要强调一些有别于其他民族的风俗习惯、生活方式上的特点，赋予强烈的感情，把它升华为代表本民族的标志。”① 在现实生活中，民族文化在国家关系、民族关系甚至是社会稳定中都是一个值得我们必须高度重视的重要因素。

从我国的历史来看，我国各个少数民族的文化都是构成中华文化的一个重要组成部分。纵观世界历史，古埃及、古巴比伦都已经在历史长河中灰飞烟灭，而中华文化历经千年，仍然在世界舞台璀璨闪耀，中华文化传统依然保留并发扬光大。究其原因，中华文化在漫长的历史长河中，是由分布在不同地区的各民族共同缔造、共同捍卫、携手发展的中华民族自己的文化。在历史发展中，少数民族和汉族的迁徙流动，各民族的文化进行了相互交流和交融，不断形成了“你中有我、我中有你”的格局，并不断推动着中华文化的形成和发展。我们无法否认，我国的少数民族在中华文化的形成和发展过程中起着不可或缺的作用，各少数民族的文化融合促进中华

① 费孝通：《关于民族识别问题》，《中国社会科学》1980 年第 1 期。

文化的形成，同时又保留了各个少数民族的独特性和民族性。

我国的56个民族共同相处，共同发展，在长期的历史发展中，各个民族都形成了自己的文化特色、宗教信仰和风俗习惯，每一个民族都有自己积淀深厚的民族文化，这些少数民族文化是中华文化和世界文明的重要组成部分。

从文学和史学来看，蒙古族的三大名著《蒙古源流》《蒙古秘史》和《蒙古黄金史》，藏族的《西藏王臣记》《青史》和《格萨尔王传》，维吾尔族的《突厥语大词典》《福乐智慧》，彝族的《阿诗玛》，傣族的《召树屯》等，在本民族流传百世，至今价值不减。

通过我们对云南民族自治地方音乐、舞蹈和戏曲的了解，我们知道云南部分少数民族早在春秋战国时期就开始制造使用铜鼓。从目前还保存的铜鼓来看，其花纹非常精美，造型独特，铸造的工艺水平也非常高。云南各个民族自治地方的少数民族都有自己独创的舞蹈艺术，如“孔雀舞”“摆手舞”“左脚舞”等都具有非常广泛的群众基础。这些舞蹈艺术大大丰富和发展了我国的艺术文化，目前，云南省各少数民族的舞蹈艺术和音乐成为许多艺术家寻找灵感的源泉。

除此之外，我国的少数民族文化在哲学、宗教、民歌、风俗习惯等方面都有风格各异、色彩斑斓。正如2009年9月国务院发布的《中国的民族政策与各民族共同繁荣发展》白皮书也指出，文化是民族的重要特征，是民族生命力、创造力和凝聚力的重要源泉。少数民族文化是中华文化的重要组成部分，是中华民族的共有精神财富。①

二　民族文化的价值和意义

（一）民族文化的价值

首先，民族文化有着重要的人文价值。这种人文价值包括历史价

① 中华人民共和国国务院新闻办公室：《中国的民族政策与各民族共同繁荣发展》，人民出版社2009年版。

值、学术价值、艺术价值和使用价值等内容。《世界文化遗产公约》对于文化遗产的价值判断提出这样四个方面：一是真实性；二是情感价值，包括有珍奇的、认同的、延续的、精神的、象征的和崇拜的价值；三是文化价值，包括有文献的、历史的、考古的、人类学的、审美的、建筑艺术的、自然景观和人文景观的、生态学的价值；四是使用价值，包括其各种功能，经济的、教育的、政治的、社会的内容等。许多民族文化的价值是多重的。比如少数民族的音乐、舞蹈和绘画艺术的价值是全人类的。因为艺术与科学一样，都体现着人类情感与智慧的最高境界，它们的共同基础是人类的创造力，它们所追求的目标是真理的普遍性。少数民族的音乐、舞蹈和绘画艺术都可以供人们学习、欣赏、满足人们对于美的精神追求。

在经济全球化的时代背景下，强调各个民族文化的价值具有现实意义。一方面文化可以创造经济效益，另一方面又可以把中国各个民族优秀的文化传播到全世界，让人类共同享有。这也有利于构筑国家文化安全体系。在与国际接轨的过程中，一个民族要想被世界接纳，在世界上有自己的地位，就必须具有自己的文化自信。

其次，边疆民族自治地方的民族文化也是中华文化的一部分。在边疆多民族聚居地区，各个少数民族的民族文化得到了交流与汇合，造就了多姿多彩的中华文化，并升华为中华民族共同的民族精神。在中国历史发展过程中，各少数民族都发展了与其生存、发展环境相应的、各具特色的文化。各少数民族与汉族之间、少数民族之间的文化交流频繁，少数民族学习、吸纳汉族的生产技术、农耕等传统文化并广泛传播于少数民族之中，少数民族文化也逐渐传播到汉族之中，从而使中华民族文化体系逐渐形成和发展，少数民族文化成为中华民族文化不可缺少的重要的一部分。各民族优秀的传统文化丰富和充实了中华民族的文化宝库，为博大精深、源远流长的中华民族文化的发展做出了巨大贡献。各民族优秀文化的相互交融和集合，构成了中华民族文化的基本内容和基本精神。

各少数民族建立的王朝，如南北朝时北方各少数民族先后建立的北魏、北齐、北周，蒙古人建立的元朝，满族人建立的清朝，此外还有许多少数民族建立了边疆王朝和地方政权，都是同属中华文化体系的王朝，是中华历史发展中的环节，也显示和发展了中华民族在文化上的广博性和统一性。

中华民族的文化精神，其实质就是中华民族的民族精神。它是中华各民族文化的交融和升华，具有中华民族共同的理想、心理和精神状态，也是中华民族延续发展、不断进取的精粹思想。它植根于中华大地，源自各民族生生不息的创造。各少数民族对中华民族文化的杰出贡献。居于不同地域、有着生产方式差异的各民族以自己的聪明才智，为中华文化的发展添砖加瓦。

我们从经济文化来看，有许多的鲜活的例子。比如，蚕豆、芝麻、葡萄、胡萝卜、大蒜等农作物，都是由少数民族地区传入中原的。而从云南来看，中原地区种植的高粱是从西南边疆少数民族地区传入的；相反，内地种植的棉花能够成功推广，有云南哀牢人的功劳；另外，还有马、羊、驴、骡等牲畜的流动，无一不是多民族经济往来的媒介。

从服饰文化来看，各个民族服饰的流变，也是我国多民族交流的一个重要见证。“胡服骑射”就是一个典型的例子。纺织技术在中原地区的流行，也有少数民族的功劳。唐代时，高昌和南方少数民族所产的棉布已输入内地。此外，边疆牧区的藏、蒙古、哈萨克等民族有关皮革、毛毡的制作技术，都对中原地区有很大影响。

从科学和医学来看，我历史上少数民族具有特殊的贡献。例如，目前还在流行的彝药、藏药、蒙医学都有悠久的历史，不论是现在还是古代，都是我们中华民族传统医学的重要组成部分。另外，还有许多少数民族的医学典籍，如《蒙医学大全》《晶珠本草》《脉诀》《药王经》《厚德堂集验方萃编》等，对我们发展中医药，有着非常重要的参考价值。

最后，我们来看看少数民族价值观的作用和影响。云南民族自治地方的少数民族主要分布在山区，在民族传统文化中有崇敬自然、人与自然和谐发展的价值主张，他们把保护生态环境作为生活方式，谨慎地使用自然，与自然环境成为一体。奉行有节制地使用自然的馈赠。至今，在许多地区的少数民族都有拜祭山神的宗教活动，在特定的节日举行活动，其目的是教化下一代保护自然。比如石林县彝族的“密枝节”，这纯粹就是一个教育人民保护生态的节日，在节日过程中的宗教活动只是一个载体而已。云南在我国被称为“动物王国”与“植物王国”，是我国最重要的动物和植物基因库。而多民族地区的贵州省被誉为“天然公园省”，这里地形复杂，植物、动物种类繁多。与边疆各少数民族的生态价值观密不可分。如果云南民族自治地方各少数民族没有价值观念的约束，我们的生态环境必将恶化，不可能有目前保持的水平。

（二）民族文化在民族发展和国家建设中的意义

在本章的开篇，我们论述了民族文化是一个民族区别于另外民族的重要特征，也是民族发展的根本动力。边疆各个少数民族的文化传承和发展，对促进少数民族地区文化建设及和谐社会起着重要的作用。民族文化的发展在民族自身发展和国家建设发展中有着重要的意义。

第一，有利于我们国家物质文明建设的推进。经济发展的水平和状况，是社会发展进步的根本标志，是文化建设的基本物质前提。而先进的文化对经济建设既有推动作用，同时也有着引导作用，它为经济建设直接提供精神动力、智力保证和健康的社会文化环境，保证经济活动沿着正确的方向发展。因此，从这个意义上说经济与文化是相互统一的整体。文化总是以各种形式参与经济价值的创造，一个物质产品不但意味着一种经济的价值，同时也蕴含着文化的价值，有时文化价值（如品牌）能极大地提升工农业产品的物质价值。体现社会主义精神文明的民族文化是经济有序发展和可持续发展的可靠保证。

第二，有利于促进我国社会主义政治文明建设的推进。在政治文明建设过程中，民族文化具有重要的影响。因为，边疆各个少数民族的文化程度，决定着各个民族文化素质的水平，各个少数民族的文化素质，一定程度上反映着民族文化的发展水平。繁荣和发展民族文化，其最终结果，将是提高各民族个体的文化水平和文化素质，增强少数民族人民的民主意识、平等意识、法制意识、参与意识、知识水平、参与能力和程度。这些都与他们的文化素质密切相关的。在文化素质较高民族的政治文明建设中，民族文化起着有力的促进作用，并有利于创造政治文明的良性循环机制。因此，通过发展民族文化以提高各民族人民的文化素质，是实现和发展政治文明建设的一个条件。

第三，有利于精神文明建设的推进。发展各民族的文化事业，是我国社会主义精神文明建设的重要内容。少数民族优秀的传统文化所包含的民族精神、价值观念、科技知识等丰富内容，对于一个民族的心理素质、思想道德、价值观念以及审美意识的形成起着重要的作用，有助于各族人民树立正确的民族观、宗教观，增强和发扬爱国主义精神，在教育后代、传授知识、娱乐身心及其他方面也有着积极作用，可以使人们树立正确的荣誉观和耻辱观，明辨是非，从而促进社会主义精神文明建设。

第四，有利于促进各民族团结进步和共同发展繁荣。中国的文化是由各民族文化共同构成的。各民族的文化发展，不仅使整个中国的文化更加丰富多彩，而且也有利于各民族文化的互相借鉴、相互交融、共同繁荣，进而促进各民族的交流与和谐。各民族的文化越发展，就越能激发全国各族人民的民族自尊心、自豪感和爱国主义热情，越有利于加强全国各民族的大团结。发展少数民族地区的文化有利于提高各民族人民的科学文化水平，促进各民族的发展进步，促进我国文化的大发展、大繁荣。

三　民族自治地方的文化发展是实现各民族“两个共同”的重要基础

中华民族文化的大发展、大繁荣必然包含着中国少数民族文化的发展和繁荣。历史和现实证明，要实现各民族共同团结奋斗，共同繁荣发展，必须高度重视并发展各民族的文化事业。是否具有高度的民族文化发展的自觉，不仅关系到民族文化自身的繁荣兴盛，决定着各个民族的前途命运，更重要的是促进各民族共同团结奋斗共同繁荣发展，是维护国家的团结统一，实现社会主义现代化和中华民族伟大复兴“梦”的思想保障。

我们党高度重视少数民族文化建设，始终坚持“文化越来越成为民族凝聚力和创造力的重要源泉，越来越成为综合国力竞争的重要因素，越来越成为经济社会发展的重要支撑，丰富精神文化生活越来越成为我国人民的热切愿望”的基本认识，坚持从少数民族文化事业的发展“关系实现全面建设小康社会奋斗目标，关系坚持和发展中国特色社会主义，关系实现中华民族伟大复兴”的高度，不断在新的历史起点上深化文化体制改革、推动少数民族和民族地区社会主义文化大发展大繁荣。

高度的文化自觉是我们党始终自觉地认识到民族文化在各民族加快现代化建设中地位越来越重要，自觉地认识到民族文化作为少数民族和民族地区经济社会跨越式发展重要支撑的作用越来越重要，自觉地认识到民族文化建设对“保障少数民族合法权益，巩固和发展平等团结互助和谐的社会主义民族关系，促进各民族和睦相处、和衷共济、和谐发展”的重要战略地位，并且遵从文化发展的规律，自觉地把发展民族文化作为各民族共同团结奋斗、共同繁荣发展的重要内容，作为民族工作的重要历史职责和工作任务。

民族文化发展的首要任务就是应对各民族面对生存环境的压力，回答和解决各民族面临的全局性生存发展课题，为各民族提供迎接挑战、走向强盛的思想理论和对策。随着国家对外开放的不断扩大，各种文化思潮交往交流交锋不断扩大，西方对我国进行“西化”“分化”的战略意图越来越突出，在各民族认同不断增强的背景下，增强国家认同、中华民族认同和中华文化的认同，增强中华民族凝聚力，维护国家统一的任务成为各民族跨越式发展中的重要课题。同时，市场经济体制不断发展，城镇化进程不断加快，社会流动日渐频繁，中国各民族之间经济文化社会交往交流交融不断深化的情况下，现代文化的发展对民族传统文化的解构直接导致了文化多元化困境。多元文化的植入诱导民族文化趋于功利追求，屏蔽了传统民族文化崇高与优美的追求，使其逐步丧失优秀的传统价值追求。随着市场文化的全面渗透，传统民族文化遭到稀释或遗弃，最终被无情地解构。物质主义、功利主义的膨胀更湮灭了民族传统文化的尚德思想，片面强调感性享受，从而使人们堕落为物欲奴隶。民族文化作为民族发展进步中的时代思想和精神潮流的引领，作为维系、凝聚社会的精神力量，本该以强势的主导理念引领民族社会的进步与发展，从观念、深度上推动民族社会文明的全面进步，提升各民族的文明素养，但面临着分崩离析、支离破碎、难以汇聚，再也无法寻觅超越理性的源头，失去激流澎湃的力量的困境。在边疆多民族地区，一些少数民族青年对自己民族的传统文化，正经历着“看不起，看不到，看不懂”的演变阶段。

对各民族文化发展的自觉要求党和国家勇于责任担当。责任担当，就是把文化觉醒付诸行动，自觉承担起推动文化改革发展的历史重担，我们在推动各民族的经济和社会繁荣发展中，要坚持把各民族文化的发展作为“两个共同”的发展基础和主要内容，注重对各民族传统文化的继承和保护，注重推动各民族先进文化的发展。特别是在中国特色社会主义的探索实践中，制定了一系列保护和发展的法规、政策以及措施，我们如果重视和利用好这些政策和法规，就必将对推动各民族经济社会的科学发展、和谐发展和跨越式发展起到应有的作用。从一个党来说，有没有强烈的文化担当，反映着这个政党的理想追求和精神面貌，是一个政党是否成熟、是否有生命力的重要标志。为此要着力破除经济建设是硬任务、文化建设是软任务的错误观念。文化建设和经济建设是同样重要的硬任务。必须把文化建设列为事关社会主义建设成败的硬任务，抓紧抓实。

四　边疆民族文化的发展是构建社会主义新型民族关系的重要内容

新中国成立初期，以毛泽东同志为核心的党和国家的第一代领导集体把发展少数民族文化作为落实民族政策、消除民族隔阂、实现民族平等、建立社会主义新型民族关系和发挥少数民族在我国社会主义现代化建设中的积极作用的高度加以重视和强调，“我们要诚心诚意地积极帮助少数民族发展经济建设和文化建设。在苏联，俄罗斯民族同少数民族的关系很不正常，我们应当接受这个教训”。① 强调必须帮助少数民族，“如果共产党不能帮助你们发展人口、发展经济和文化，那共产党就没有什么用处”②；周恩来同志也指出：“人民政府实行了共同纲领中的民族政策，尽力消除各民族间残存的隔阂和矛盾，加强各民族人民的团结，并尽可能的帮助各少数民族发展其政治、经济和文化建设事业。”③

邓小平同志强调民族平等不仅仅是政治上，同时也是落实在经济、文化各个领域的真正意义的民族平等，要采取一系列有效措施使少数民族在政治上、经济上、文化上得到改善和提高。即实行“真正的民族平等”。1950 年 7 月 21 日，邓小平同志在《关于西南少数民族问题》中就指出：“要尽快提高少数民族文化水平”，④“所谓文化，主要是指他们本民族的文化”⑤，“在文化方面，也有许多工作要做”。⑥ 特别是十一届三中全会后，以邓小平为核心的党中央第二代领导集体，强调要采取有效措施发展少数民族的教育和卫生事业，保护和发展少数民族传统文化，尽快提高他们的文化水平。

1996 年初，江泽民同志把建设中国特色的社会主义文化问题提到事关中华民族前途和命运的高度加以强调：“一个民族只有在努力发展经济的同时，保持和发扬自己的民族文化特色，才能真正自立于世界民族之林。建设有中国特色社会主义的文化，这是事关中华民族振

① 金炳镐主编：《民族纲领政策文献选编》，中央民族大学出版社 2006 年版。
② 《毛泽东文集》（第 6 卷），人民出版社 1999 年版。
③ 金炳镐主编：《民族纲领政策文献选编》，中央民族大学出版社 2006 年版。
④ 《邓小平文选》（第 3 卷），人民出版社 1994 年版。
⑤ 《邓小平文选》（第 1 卷），人民出版社 1994 年版。
⑥ 《邓小平文选》（第 3 卷），人民出版社 1994 版。

兴的大问题。”[①] 1999 年 10 月 3 日，朱镕基同志在中央民族工作会议闭幕时发表《加快少数民族和民族地区发展，把民族团结进步事业推向新世纪》的讲话中，强调“积极发展民族文化事业，保护和开发少数民族文化资源，结合时代精神，继承和弘扬少数民族优秀的传统文化”。[②] 2000 年 6 月 20 日，江泽民同志在《关于西部大开发问题》中，进一步强调“要发挥民族地区文化资源的优势，弘扬优秀民族文化，积极发展民族文化产业”。[③]

进入 21 世纪，以胡锦涛同志为总书记的新的中央领导集体提出了用科学发展观指导民族地区的文化建设和发展的重要论断。2005 年 5 月 27 日，胡锦涛同志《在中央民族工作会议暨国务院第四次全国民族团结进步表彰大会上的重要讲话》中，强调支持民族地区发展文化事业和文化产业，支持少数民族优秀文化的传承、发展、创新，丰富各族群众的文化生活，不断提高各族群众的思想道德素质和科学文化素质。2007 年 10 月，胡锦涛同志在党的十七大报告中突出强调弘扬中华文化的极端重要性，提出了三个越来越的重要论断——当今时代，文化越来越成为民族凝聚力和创造力的重要源泉，越来越成为综合国力竞争的重要因素，丰富精神文化生活越来越成为我国人民的热切愿望；并做出了要加强中华优秀文化传统教育，运用现代科技手段开发利用民族文化丰富资源，做好文化典籍整理，加重对各族民族文化的挖掘和保护，重视文物和非物质文化遗产保护等方面工作的重要指示。2009 年，国务院在北京召开全国少数民族文化工作会议，会议制定了《关于进一步繁荣发展少数民族文化事业若干意见》，强调对少数民族文化遗产的挖掘和保护做出了七项规定。总之，党和国家几代领导人关于少数民族的文化发展和建设提出了一些具体的要求。这些要求在各级人民政府制定少数民族的文化建设发展中，起着依据和指导的作用。为边疆各少数民族的文化发展和繁荣，文化遗产的保护和弘扬发

① 江泽民：《在全国宣传思想工作会议上的讲话》，《人民日报》1994 年 3 月 7 日。

② 金炳镐主编：《民族纲领政策文献选编》，中央民族大学出版社 2006 年版。

③ 同上。

挥了重要作用。

为各民族文化事业的大发展大繁荣提供了理论和实践工作的指导。把文化建设摆在民族工作全局工作重要位置，把文化建设纳入少数民族和民族地区经济社会发展总体规划，作为实现少数民族和民族地区科学发展、和谐发展、跨越发展的重要内容来研究部署，组织实施，督促检查，反映了党和国家积极主动地担当起发展民族文化的历史责任，是各少数民族文化自觉的一个突出表现，同时，也保障了少数民族和边疆民族自治地方的建设发展，有力地推动了少数民族和民族地区文化建设的发展。

五 云南民族文化建设的战略地位

2003 年 7 月，云南省委、省政府召开"云南省繁荣民族文化、发展文化产业、建设文化大省大会"，并于同年成立云南省文化体制改革和文化产业发展领导小组。省委七届四次全会进一步强调把文化产业培育为云南新的经济增长点和新的支柱产业，确立了"先保护，后开发，在保护中开发"的民族文化发展原则。2005 年，省政府办公厅及时转发贯彻国务院办公厅《关于加强我国非物质文化遗产保护工作的实施意见》和《关于加强文化遗产保护的通知》。根据《意见》和《通知》精神，迅速在全省范围内开展了大规模的民族文化遗产普查、规划、保护、传承等方面工作。2007 年，省委八届四次全会做出推动云南民族文化大发展大繁荣，努力促进由民族文化大省向民族文化强省迈进，建设世界知名的民族文化名省和世人向往的旅游胜地的重要决定。2008 年 4 月，省委、省政府正式出台《关于建设民族文化强省的实施意见》。这一系列政策措施的相继出台颁布，有力地推动了民族文化建设事业的科学持续发展，为促进边疆发展、团结、稳定提供了有力支撑。

第二节　云南省民族自治地方民族文化建设的现状

一　党和国家高度重视民族文化建设

为了更好地推动民族文化事业的发展，国家集中出台了一批促进民族文化发展的重要的法规和文件，如2005年颁布了《中共中央国务院关于进一步加强民族工作，加快少数民族和民族地区经济社会发展的决定》；2006年颁布了《国家“十一五”文化发展规划纲要》；2007年颁布了《少数民族事业“十一五”规划》《关于进一步加强公共文化服务体系建设的若干意见》《“十一五”全国乡镇综合文化站建设规划》《兴边富民行动“十一五”规划》《关于进一步加大对少数民族文字出版事业扶持力度的通知》；2012年又发布了《文化部“十二五”时期文化改革发展规划》等多项涉及或针对少数民族文化发展的规定和措施。这一系列的规定和措施对新的历史条件下少数民族文化发展的方向、宗旨、目标、任务和政策进行了多方面的创新与发展，完善和丰富了新中国的少数民族文化政策体系。1996年10月通过的《中共中央关于加强社会主义精神文明建设若干重要问题的决议》，提出“对中西部欠发达地区和少数民族地区的文化事业，要采取有效措施增加投入”。“对反映国家和民族学术、艺术水平的精神产品，代表国家水平的艺术院校、表演团体和国家重点文物保护单位，有代表性的地方、民族特色艺术团体，要加大扶持力度。”此外，为了进一步扩大对外交流，文化部于1992年制订了《中国边境省、自治区同毗邻国家边境地区文化交流管理规定》，下放了部分对外文化交流项目的审批权。1992年后，国家开始实施“全国万里边疆文化长廊建设”工程，建成了一批公共文化基础设施。1998年，国家开始实施“广播电视村村通工程”，重点解决边远贫困地区农村广播电视覆盖问题。为了加快少数民族地区的文化基础设施建设，2000年2月，文化部和国家民委联合发布《关于进一步加强少数民族文化工作的意见》，2000年9月，又启动了“西新工程”，重点解决西藏、新疆等边疆民族地区广播电视覆盖问题。为了进一步强调少数民族语言和文字的使用，依据民族区域自治法及其他法律的有关规定，2000 年 10 月，我国的《国家通用语言文字法》正式开始实施。2001 年 1 月，《中国民族报》创刊发行。

2000 年 10 月，中共第十五届五中全会通过《中共中央关于制定国民经济和社会发展第十个五年计划的建议》，第一次在中央正式文件里提出了“文化产业”和“文化产业政策”这一概念。2003 年，在党的十六届三中全会通过的《完善社会主义市场经济体制若干问题的决定》中，文化产业的战略地位得到了进一步确定，国家开始将文化产业列为国民经济的重要产业，并将其纳入到国民经济发展总体规划中。2003 年 6 月在北京召开了全国文化体制改革试点工作会议，会议按照党的十六大关于深化文化体制改革的要求，专门研究部署文化体制改革试点工作，初步确定九个省市，后又补进云南丽江市为试点地区，通过试点为制定文化体制改革总体方案、推动文化体制改革做准备。继 2005 年初国务院下发《关于鼓励支持和引导个体私营等非公有制经济发展的若干意见》之后，2007 年 8 月 8 日国务院又公布实施《关于非公有资本进入文化产业的若干决定》，使得非公有制资本进入文化产业既有理论依据，也有现实依据和法律依据。2005 年 12 月，中共中央、国务院下发的《关于深化文化体制改革的若干意见》，根据十六大“坚持和完善公有制为主体、多种所有制共同发展的基本经济制度”的要求和我国对外开放的基本国策，提出了“形成以公有制为主体、多种所有制共同发展的文化产业格局”和“形成以民族文化为主体、吸收外来有益文化的文化市场格局”的工作要求，为文化领域产权制度的创新和对外开放的深化指明了方向。2009 年 7 月，《关于进一步繁荣发展少数民族文化事业的若干意见》由国务院颁布，该纲领性文件以十七大精神为指导，按照科学发展观的要求，不断促进、繁荣和发展我国少数民族的文化建设，着力“两个共同”的发展。《若干意见》中指出，要民族地区的文化基础设施、新闻出版事业，大力发展少数民族、广播影视、少数民族文艺院团、民族文化活动作为重要的建设项目，把少数民族的文化遗产挖掘出来、保护起来，不断推动各少数民族的文化创新，建立机制，促进边疆民族地区的文化建设和发展等。

二　云南民族自治地方文化公共服务体系建设获得较大发展

（一）文化公共服务体系初步建设

2012 年，云南省新的省图书馆大楼已经建成使用，亚广影视传媒中心、省博物馆新馆等标志性文化设施正在推进建设。基本形成了广播和电视并重、模拟和数字并举、无线有线和卫星多种技术手段并用的多层次、现代化、大容量、安全可靠的广播影视覆盖网，全省广播电视综合人口覆盖率分别达到95%和96%。中央和省级财政投入55.8亿元组织实施边疆“解五难”工程，投入 1.1 亿多元建成了 202 个乡镇文化站，完成文化信息资源共享工程。全省 119 个图书馆、667 个文化站达到三级以上标准。投入文物保护维修经费约 5 亿元，85% 的省级文物保护单位和重要文物建筑得到有效保护。在全国率先颁布了《云南省民族民间传统文化保护条例》，非物质文化遗产项目得到较好的保护和传承。

（二）民族语言文字出版得到快速发展

1981 年 3 月，国务院转发了国家民委和出版局发布《关于大力加强少数民族文字图书出版工作的报告》，报告指出：“民族出版工作是整个民族工作的重要组成部分，对贯彻落实党的民族政策，加强民族团结，维护祖国统一，推进四化建设有重要意义。”1982 年，中共中央和国务院在《关于加强出版工作的决定》中指出：“要认真重视和扶持少数民族地区出版工作和少数民族文字的出版工作，推动他们为本民族经济文化的发展和全国出版工作的繁荣做出贡献。要切实考虑他们的特殊困难，在人力、物力、财力方面，给予更多的帮助。对少数民族文字编译人员、印刷技术人员的培养，有关部门应重视安排。”云南省省委民族工作部和省文化厅、省民委根据以上文件的指示精神，加强了对民族出版工作的领导。财政、税收部门对民族出版社采取了财政全额拨款和免税等优惠政策。文件精神的贯彻执行，促进了云南民族出版社的发展。编、印、发队伍已经初步成长。出版文种已有彝、藏、西傣、德傣、景颇、拉祜、佤、傈僳、哈尼、苗、纳西、白、独龙和汉等14种。“文化大革命”后的14年，共出版图书823种，939万册（张）。出版了各民族小学和社会扫盲需要的少数民族文字教材和辞书，一些民族地区农村需要的科技普及图书，民族社会科学图书，民族文化传统、古籍、民族民间文学和民族文艺等图书。这一时期，在云南省省委、省政府的领导下，圆满完成一批被列为国家、省级“八五”“九五”重点规划的图书、丛书的组织、策划、出版工作。主要有《云南民族文化大观丛书》《中国少数民族医药丛书》《云南民族文学史丛书》《云南民族古籍丛书》《云南少数民族文化史丛书》，大型画册《盛世盛会——中华人民共和国第五届少数民族传统体育运动会》《云岭欢歌》《团结友爱的民族大家庭》等。其中，被列为国家“八五”艺术学科重点研究项目、被中共云南省委宣传部列为云南建设民族文化大省精品工程和建国50周年重点献礼图书的《云南民族文化大观》丛书16卷的出版工作（包括彝族和云南省15个独有民族），填补了云南民族文化的空白，2000年1月份该丛书荣获“第十二届中国图书奖”。另有一大批民族文化图书分别获国家、省级奖励，为云南民族文化大省建设增添了光彩。

改革开放以后，《云南日报》还专设了民族部，开辟了一些少数民族专栏，如《民族之声》《民族教育》等。各民族地州先后创办了地方党委的机关报《西双版纳》《团结报》（德宏）、《楚雄报》《大理报》《红河报》《怒江报》《文山报》《思茅报》《丽江报》等。《西双版纳》还出傣文版，《团结报》还有傣文、景颇文、傈僳文版，《丽江报》有纳西文、傈僳文版，《怒江报》有傈僳文版。其他地区的报刊也都重视民族新闻和民族政策的宣传。德宏民族出版社于1981年建立，用德宏傣文、景颇文、载佤文、傈僳文和汉文出版当地民族教材和其他图书。

云南省少数民族语文指导工作委员会自1979年11月恢复以来，

在宣传党和国家的民族语文政策、民族语文师资培训、用少数民族文字扫盲、推进双语教学、少数民族语言文字科学研究、新词术语翻译规范、用民族语言文字进行宣传等方面做了大量工作，云南民族出版社和德宏民族出版社用18种少数民族文字编译出版政治读物、理论专著、科技图书，用18种民族文字出版双语教材，所出图书在全国、全省多次获奖。德宏、西双版纳、怒江、迪庆州和丽江市等州市县用民族文字出版报纸。少数民族语广播、电影配音等工作也普遍开展起来。

（三）民族文学艺术得到繁荣发展

改革开放以来，民族群众文化活动迅速得到恢复和发展。云南民族地区各地、州、县都逐步有了电影院、文化馆、图书馆。各个乡基本上都有了文化站。有的州、县还建立了民族文化宫。一些州、县农村民族群众的业余文化宣传队十分活跃。各民族的传统节日活动逐步恢复发展。各地、州、县加强领导、尊重民族意愿，因势利导，在活动中逐步消除某些消极、迷信因素，使民族优秀文化传统焕发新姿，并演出社会主义风貌的新节目；结合组织物资交流、商业贸易、政策形势和科技宣传、体育比赛等活动。民族节日已发展成为经济、政治、文化结合的综合性盛大节日活动，促进了民族经济文化的发展。改革开放以来，各少数民族文学作品如雨后春笋，竞发成长。如在云南省文学作品中《鹿衔草》《蛮帅部落的后代》《团园》《好丑你们说》《茶山铃声》《勐别姑娘》《飘零的野樱花》等一批描写了社会主义建设中的少数民族的小说诗歌相继出版。1981年云南省作协分会和民族事务委员会联合举办少数民族文学创作奖，获奖的就有19名少数民族作者。各少数民族大都有了发表反映自己民族社会生活文学作品的作者。如佤族董秀英，被称为结束了佤族没有作家的历史的人。景颇族的石锐、岳丁、岳坚等也先后发表了一些作品。傣族、景颇族、傈僳族等有民族文字的少数民族作者，用本民族文字创作的作品已越来越多，对鼓舞民族群众团结建设起了更为亲切广泛的作用。

在舞蹈方面。改革开放后，云南创作了几百个民族歌舞节目，包括大型的民族歌舞剧。新中国成立35周年的表演中，傣族大型歌舞剧

《召树屯与婻木诺娜》获一等奖。两次全国舞蹈比赛中，傣族舞《金色的孔雀》《水》《版纳三色》、彝族双人舞《橄榄》、哈尼族舞《大地—母亲》分别获一、二、三等奖，云南是其中获奖最多的一个省。

（四）民族电影广播电视事业获发展机遇

1979 年，党和政府重视和加强了少数民族语译制片的工作。到 1987 年已译制了傣、景颇、佤、壮、哈尼、苗、拉祜、傈僳、藏、瑶、纳西、基诺等 12 个少数民族语言的各种影片 200 多部，放映 30000 多场，观众约 4000 万人次。

在广播方面，云南广播电台和电视台很重视云南多民族的特点，在宣传党的民族政策和各少数民族经济文化建设方面做了大量的工作，一是在民族地区的地、州、县部建立了广播台和广播站。1986 年起推行小中波、小调频、小差转、小型卫星电视收转和小片电视网点的“五小覆盖”，并实行“四级广播电视，四级混合覆盖”的方针。二是发展民族语广播。1955 年，省广播电台开始举办傣语广播，逐步增加语种。到 1989 年，已经坚持了德宏傣语、西双版纳傣语、傈僳语和拉祜语 4 种民族语广播。全省 24 个县以上的广播站、电视台办了西双版纳傣语、德宏傣语、彝语、傈僳语、哈尼语、景颇语、载佤语、拉祜语、佤语、苗语、壮话、纳西语、瑶语等 11 个民族 13 个语种的广播节目，是全国民族语广播中语种最多的省。三是广播节目方面。云南台制作播出了《斑色花盛开的山谷》《远方飞来的金孔雀》《望夫云》《葫芦信》等一批深受民族群众欢迎的节目。

（五）保障边疆民族自治地方的贫困群众有基本的文化权益

改革开放以来，云南省民族自治地方的各级政府及职能部门，始终没有放弃文化扶贫这项艰巨的任务，把文化扶贫作为一项长期的战略任务来抓紧抓实。为了指导各级政府部门抓好这项工作，云南省政府于 2009 年下发了《关于加强农村文化服务体系建设的意见》，同时，召开了全省农村文化工作的专题会议，在会议和文件中明确提出了云南省农村文化建设的目标和具体任务。将“文化富民、文化育民、文化乐民、文化安民”作为创新措施进行推广。要求各级政府部门要结合各个民族自治地方的实际情况，有步骤、有计划、有措施、有监督地解决民族自治地方群众收听广播难、收看电视难、看戏难、看书难等问题。在我们进行实地调查时，虽然未进行详细调查统计，但我们可以初步估计，一些文化工程已经在推广，有的工程已经发挥实效，如广播电视村村通、村文化活动室、农村书屋等文化惠民工程已经铺开建设。云南省的文化扶贫举措，为边疆民族自治地方的人民群众解决了精神文化食粮贫困的问题，得到了地方人民群众的欢迎。

（六）民族古籍文物得到重视和保护

少数民族丰富的古籍文物是中华民族历史文化遗产的重要组成部分。民族古籍文物工作是有关弘扬优秀民族文化传统，进行爱国主义教育的一个重要方面。

云南省为了推动民族古籍文物的保护，于2000年指定实施了《云南省民族民间传统文化保护条例》。条例中明确规定了“保护为主、抢救第一”“政府主导、社会参与”。同时，通过申报和审核等程序，对于符合条件的公司可以命名为“云南省传统文化传承人”；对于一些优秀民族文艺术传统的地方，通过程序申报审核可以命名为“云南省民族民间传统文化之乡”。

1988年，云南省民委成立了省民族博物馆筹备组。民族地区的古籍或文化研究机构也逐步成立。已建立了省民族古籍办公室、省社科院东巴文化研究所、楚雄彝族文化研究所、迪庆格萨尔研究室、红河少数民族古籍研究所、西双版纳民族古籍研究所、思茅民族古籍研究所、昭通民委文史资料室等。宁蒗、禄劝、水善、路南、江城、武定等县成立了民族古籍研究机构。1983年8月，省民委成文了云南少数民族古籍整理出版规划办公室，负责组织、联络、协调、指导全省民族古籍工作。1984年6月，成立云南省少数民族古籍整理出版规划办公室，专门负责全省少数民族古籍的抢救、整理工作。

2002年，云南省少数民族古籍整理出版规划办公室启动“26个民族口承文化工程”以来，通过走访调查民间艺人和听众，记录了全省26个民族数千万字的民族史诗、传说和神话等口承文化，其种类和数量均居全国第一。初步查明云南各民族文献古籍达 10 万余册（卷），口碑古籍上万种。现已抢救保护的文献古籍 2 万余册（卷），口碑古籍 3000 余种；翻译、整理、出版了彝、纳西、傣、回、哈尼、白、苗、瑶、基诺、藏、普米、傈僳、景颇等民族的古籍 500 多册 3000 余种，其中包括丽江市翻译整理出版的长达 5000 多万字的《纳西东巴古籍译注全集》100 卷。[②] 2003 年 8 月，纳西东巴古籍文献被正式列入“世界记忆遗产名录”。

（七）将民族自治地方的优秀传统文化作为经济发展的新动力

云南省在“九五”期间，把发展各个民族自治地方的特色民族文化作为一个重要战略，要求各级政府要各自充分把握各自的特色文化，抓住自身的优势，充分利用和发展民族文化资源，不断探索各自的民族文化资源，并进行开发和利用。将文化的“台子”搭好，把经济发展的“戏”唱好。大力扶持白族的“三月街”、彝族的“火把节”、傣族的“泼水节”，同时开发处具有地方特色“三七节”“茶叶节”等。这些颇具民族文化特色的节日都取得了经济发展的成效，在举办节日时强调，要把民族民间文化节庆与经贸交流相融合，要把地方特色的民族风情为作为民族特色旅游业的主要内容进行推广。目前，许多自治地方的文化活动已经形成了产业链和具有影响力的文化产业品牌。如民族风味餐饮一条街、民族风情园、文化古城等，在国内外已经形成了较好的口碑和影响力。云南省还将出版、报刊、文化展览、影视音像等产业作为重点扶持，一些实体企业发展蓬勃，效益显著，势头良好。

2005 年 8 月，云南省确定建设 60 个旅游小镇。2007 年 12 月，云南省政府命名了丽江大研镇、腾冲和顺镇等云南十大旅游名镇，公布了提升保护型旅游小镇 8 个、开发建设型旅游小镇 29 个。云南省打造了以丽江大研纳西古乐会、西双版纳“傣族园”等为代表的一批民族文化旅游精品产业，并坚持把民族旅游资源的保护放在第一位，以保护求发展，以发展促保护，在保护的基础上进行合理开发的经营理念，不仅使民族文化产业走出了国门，扩大了在国内外的知名度和影响力，而且很好地保护和传承了独具特色的民族传统文化，培养了一大批民族文化传承人。

丽江积极实施文化旅游先导战略，以旅游为载体、文化为内涵，走出了一条自然资源开发与文化资源开发相结合、民族文化建设与社会主义市场经济建设相结合的发展道路，打造出丽江古城、东巴文化、纳西古乐、泸沽湖摩梭风情、茶马古道、丽水金沙、印象·丽江等民族文化旅游精品，民族文化旅游产业建设基本形成规模，并不断把民族文化资源优势转变为旅游优势、经济优势、产业优势和竞争优势，创造出了“民族文化和旅游对接”的“丽江现象”和以“世界文化遗产带动旅游发展”的“丽江模式”。2008 年，丽江市共接待海内外游客 625.49 万人次，比上一年同期增长 17.81%，其中海外游客 46.58 万人次，比上一年同期增长 16.25%，国内游客 578.91 万人次，比上一年同期增长 17.94%。2008 年，丽江市旅游业总收入 69.54 亿元人民币，比 2007 年同期增长 19.4%，其中旅游外汇收入 14830.59 万美元，比 2007 同期增长 24.63%，国内旅游收入 59.45 亿元人民币，比 2007 年去年同期增长 20.54%。

（八）政府主导，保护民族文化

1997 年以来，云南率先在全国建立了景洪市巴卡基诺族文化生态村、石林县月湖彝族文化生态村、丘北县仙人洞彝族文化生态村、新平县南碱傣族文化生态村、腾冲县和顺乡汉族文化生态村等 5 个民族传统文化生态保护区。从 5 个示范点的情况来看，在民族文化专家指导下，经过 5 年多的建设与发展，5 个示范村确实实现了民族文化、经济社会和生态环境的协调发展，[②]为将云南民族文化大省建设落实到乡村、落实到基层开辟了一条成功的道路。之后又相继建立了 31 个中国民间（特色）艺术之乡、5 个国家级历史文化名城、10 个省级历史文化名城、14 个省级历史文化名镇名村、10 个云南旅游名镇和旅游小镇。2007 年开始，云南省民委立项启动了“云南省人口较少民族文化遗产的保护与传承”工程，现德昂族博物馆建设项目已基本完成。

自 1997 年以来，云南省在持续开展全国性民族民间艺人调查工作基础上，先后分3批命名了668名民族民间传统文化传人。1997年云南省在全国命名了第一批民间艺人166人，2002年命名了第二批民族民间音乐师、舞蹈师、美术师295人，2007年命名了第三批非物质文化遗产民族民间传统文化传承人207人，其中有34人入选国家级非物质文化遗产项目代表性传承人。[③]

为了全面摸清云南省民族文化的家底，云南省对全省民族文化开展了调查。根据调查的情况，制定了一些切实可行的措施，在“十一五”期间，云南省共投入5亿元，对一些重要的民族文物进行保护和维修，在被列为省级文物保护单位和文物建筑中，85%的文物和单位得到了支持和保护，一些保护单位还受到联合国教科文组织的好评，如剑川沙溪古镇文物复兴工程被评为“文化遗产保护杰出成就奖”。为了保护云南省民族自治地方的非物质文化遗产，使民族民间传统文化保护工作做到有法可依；云南省还颁布了《民族民间传统文化保护条例》，云南省被文化部列为文化保护工程的试点。云南省政府为了鼓励和保护传统文化，对国家级传承人给予每人每年补助8000元的生活补助，省级民族文化传承人给予每人每年补助3000元的生活补助。

三 云南民族自治地方推进民族文化繁荣发展的举措

（一）开展马克思主义民族观宣传教育

改革开放以来，云南省各个民族和睦相处，和衷共济、和谐发展，始终保持着“两个共同”的良好局面。这与我们长期坚持在各民族干部群众中进行党的民族政策和民族团结教育密切相关，这是我们的政治优势，只能加强，不能削弱。因此，总结云南省的经验，我们发现，马克思主义民族观教育和宣传、开展党的民族政策宣传应该成为边疆民族自治地方社会主义文化繁荣发展中的重要任务，也应该成为建设社会主义核心价值体系的重要内容。

首先，马克思主义民族观和党的民族政策的宣传教育是边疆多民族地区社会主义文化繁荣发展中的重要任务。改革开放以来，云南省委、省人民政府始终坚持深入开展以马克思主义民族观、民族理论，以及党和国家的民族政策、法律法规为主要内容的民族团结宣传教育；始终坚持使每一位民族成员建立起自觉维护民族团结的思想意识，使他们认识到我国各民族都是中华民族大家庭中的平等一员，认识到民族团结是中华各民族的根本利益和共同责任，任何破坏民族团结、分裂祖国的行为都是可耻的，应受到法律、道德的制裁。联系实际，深入进行民族政策再教育。1979 年 6 月 6 日，中共云南省委召开省级机关处以上干部大会，传达全国边防会议精神。强调各级党委、各条战线、各个部门必须牢固树立边疆观念、民族观念；提出将在全省开展民族政策再教育，并和民族政策执行情况的检查结合起来。会后，省委派出 5 个检查组分赴边疆和内地民族地区，了解各地贯彻落实边防会议精神情况，协同地方总结民族工作经验，检查民族政策执行情况。1982 年 2 月，省委又批准省委宣传部、省委民族工作部《关于深入进行民族政策再教育的报告》，并决定再次组织 5 个民族政策检查组深入边疆民族地区开展调查，进行民族政策再教育。为配合这一工作开展，省委宣传部、民族工作部还编印出版了《搞好党的民族政策再教育，为实现四个现代化而奋斗》一书，供各地学习党的民族理论、民族政策时参考。

1991 年 12 月，省委发出《关于在全省农村继续深入开展社会主义教育的通知》，提出要结合实际认真进行马克思主义民族观和党的民族政策、宗教政策的教育，更好地贯彻执行民族平等、民族团结和促进各民族共同繁荣的方针。省委宣传部、民族工作部、省民委编写了《马克思主义民族观和党的民族政策》一书。1994 年 10 月，云南省委第五届党代会第五次全会工作报告明确提出，各级党校的干部和党员培训，要加上马克思主义民族观、宗教观这一课；电视、广播、报纸、书刊等都要加强马克思主义民族观、宗教观的教育，要形成全社会重视民族团结进步的良好风尚。云南省委党校和各级党校、干部学校遵照省委的指示，成立了民族理论教研组，配备了专职教师，编写了教材，向学员开设民族理论民族政策课。1995 年 8 月，云南省第六次党代会报告中强调，要把马克思主义民族理论和党的民族政策同民族地区的实际结合起来，深入持久地进行马克思主义民族观、宗教观和党的民族宗教政策的宣传教育，不断发展平等、团结、互助和谐的社会主义民族关系。

中央为了加强各级领导干部学习和实践马克思主义民族理论，2004年10月，胡锦涛总书记主持了中共中央政治局第十六次集体学习，他强调，各级领导干部要深入学习党的民族政策，加强民族学、人类学、社会学和宗教学等专业知识学习，在工作中，要用马克思主义民族理论知识解决民族问题，在日常工作中要重视对马克思主义民族理论、党的民族政策进行宣传教育。民族理论和民族政策的教育和宣传要面向群众和干部。云南省从云南多民族的实际出发，反复强调要特别重视民族团结宣传教育工作，出台了《关于进一步加强民族工作，加快少数民族和民族地区经济社会发展的决定》。决定要求广大干部群众特别是领导干部要深入开展党和国家的民族理论、民族政策和民族法律法规的宣传教育，并将其纳入到理论学习之中，在各级党校、行政学院和普通高校开设必修课程，在干部公开选拔、公务员录用、中小学课程中有民族理论和民族政策方面的内容。积极开展以“民族团结月”“民族团结周”等为载体的民族团结宣传教育活动，加强对新闻、出版从业人员的教育和培训，防止在出版物、广播影视作品和互联网信息上出现伤害民族感情、有损民族团结的内容。[②]民族区域自治制度是我们党解决民族问题的基本政策和符合我国国情的一项基本政治制度。在民族团结宣传教育时，要求以《民族区域自治法》《中华人民共和国民族区域自治法》等法律法规为准绳，确保民族团结宣传教育工作扎实推进、富有成效，形成党委统一领导、党政各部门齐抓共管、社会各方面积极参与的工作机制。

其次，在基层开展创建“民族团结示范村”活动。根据我省边疆、民族、山区、贫困“四位一体”的省情，结合新时期云南省民族工作的新情况、新特点，紧紧围绕“两个共同”的民族工作主题，进一步探索新时期民族工作的思路和方法，为少数民族和民族地区建设社会主义新农村，构建和谐民族关系，促进社会和谐总结经验，典型示范。

云南省民委《关于创建“民族团结示范点”和“兴边富民示范点”工作的通知》和《“民族团结示范村”和“兴边富民示范村”创建工作的意见》下发以来，在各级党委、政府的领导下，各州市县民委高度重视，在内地创建以协调民族关系，增进民族团结，促进经济社会全面发展为重点的“民族团结示范村”；在边境州市创建以改善少数民族群众生产生活条件，推进脱贫发展步伐，促进以富民兴边、睦邻友好为重点的“兴边富民示范村”。

最近几年来，云南在加强农村基层党组织和推进新农村建设中，开展了“民族团结示范村（社区）”“兴边富民示范村”创建活动，取得明显成效。通过创建，村容村貌明显改观，经济文化更加发展，民族团结进一步增强。从2006年开始，云南开展新一轮“民族团结示范村”建设，围绕进村入户道路硬化、文化活动场所建设、安居房工程、洁净水源等方面加大投入力度，推动示范村经济社会各项事业协调发展。3年来，云南投入超过1亿元，在全省建成了400多个民族团结示范村，这些村庄呈现出一派民族和谐、邻里和睦、生活明显改善的新景象。

最后，表彰先进，树立典型，推进民族团结教育活动的深入发展。1983年8月，云南省委、省政府在昆明召开全省第一次民族团结进步表彰大会，省政府对77个单位和集体授予云南省民族团结进步先进单位和先进集体称号；对121位同志授予云南省民族团结进步模范称号，颁发了荣誉证书、奖牌、奖章、奖品。对模范个人，退休时仍保持荣誉者，享受特殊贡献待遇。大会向全省各族人民发出进一步推进民族团结进步事业向前发展的《倡议书》。省委、省政府号召全省各族干部群众认真学习贯彻党的路线、方针、政策，尤其是民族、宗教政策，积极开展学习民族团结进步先进集体和模范个人的先进事迹活动，把云南民族团结进步事业继续推向前进。云南省还将表彰奖励进行制度化，颁布了《关于进一步加强民族工作，加快少数民族和民族地区经济社会发展的决定》。规定要求省委、省政府每5年要召开1次全省民族团结进步的表彰大会，云南省的各级党委、政府也要定期召开民族团结进步的表彰会议，表彰和奖励那些在民族团结进步事业中，有突出贡献的集体和个人，要在全社会营造出维护民族团结的氛围，树立起民族团结示范的先进集体和个人。对民族团结进步表彰工作进一步规范化、制度化。2003年至2007年，全省有136个民族团结进步模范集体、129个模范个人受到国务院或省政府表彰；各州（市）、县（市、区）党委、政府共表彰了3703个民族团结进步模范集体和个人，其中，州市级表彰1547个，县级表彰2156个。[②]2009年9月，全省民族工作会议暨第六次民族团结进步表彰大会在昆明召开，会议表彰了113个民族团结进步模范集体和87个模范个人。会议强调，倍加珍惜民族团结大好局面，让民族团结之花开得更加艳丽。出席大会的先进集体和先进个人向全省各族人民发出推进民族团结进步事业不断向前发展的《倡议书》，其中倡议：我们要坚持走中国特色社会主义道路；我们要团结互助亲如一家；我们要携手建设美好家园。[③]此外，还建立了普洱市宁洱县民族团结园等一批全国性的民族团结教育示范基地，不断开展民族团结进步活动，全省民族团结进步事业蓬勃发展。

（二）民族文化产业化发展

党的十七届六中全会指出："发展文化产业是社会主义市场经济条件下满足人民多样化精神文化需求的重要途径。必须坚持社会主义先进文化前进方向，坚持把社会效益放在首位、社会效益和经济效益相统一，按照全面协调可持续发展的要求，推动文化产业跨越式发展，使之成为新的经济增长点、经济结构战略性调整的重要支撑点、转变经济发展方式的着力点。"边疆民族地区根据党的文化发展政策，不断调整文化发展，使民族文化向产业化方向发展。

首先，明确提出了文化产业的概念、发展目标和规划。2000年10月党的十五届五中全会通过的《中共中央关于制定国民经济和社会发展第十个五年计划的建议》中，我党就首次正式使用了"文化产业"这一概念，把进一步完善文化产业政策、文化产业管理和市场建设作为发展文化产业的任务和要求。2001 年，我国制定的《文化产业发展第十个五年计划纲要》指出：加快文化产业发展，有利于促进文化事业的改革和发展，有利于不断满足人民群众日益增长的精神文化需求，有利于扩大内需、增加就业和国民经济结构调整，对于“十五”期间国民经济发展和社会全面进步具有积极的促进作用。2002 年，党的十六大报告在进一步明确我国发展文化产业的必要性与紧迫性的同时，提出了“发展文化产业是市场经济条件下繁荣社会主义文化、满足人民群众精神文化需要的重要途径”。2003 年 2 月，国务院颁布了文化市场中长期发展规划《2003—2010 年文化市场发展纲要》，就健全文化市场体制，完善文化市场管理机制提出了框架思路，并根据文化市场各门类的实际情况，提出了相应的分类发展目标，要求各级文化行政部门按照“一手抓繁荣，一手抓管理”的方针，发展文化产业，繁荣文化市场，力争到 2010 年，初步建成一个门类齐全、结构合理，供求关系均衡，政府调控与市场机制相结合，统一、开放、竞争、有序的社会主义文化市场体系。2006 年，我国发布了《国家“十一五”时期文化发展规划纲要》，提出到 2010 年我国的文化发展的总目标是：完成“十一五”时期全面建设小康社会赋予文化建设的任务，为经济发展、政治稳定和社会进步提供强有力的思想保证、精神动力和智力支持；文化的创新能力和整体实力明显提高，文化产品更加丰富，更好地保障和满足人民群众的基本文化需求，促进城乡和区域之间文化的共同发展；中华文化在世界上的影响力不断扩大，文化在综合国力竞争中的地位和作用日益突出，文化发展的水平与我国的经济实力、国际地位相适应。

其次，边疆多民族地区文化产业发展取得显著成效。云南省从提出“民族文化大省”的发展目标后，一直进行坚持不懈的努力，经十年寒暑，最终取得了显著的成绩，硕果累累。在此基础上，又提出从民族文化大省向民族文化强省迈进，建设民族文化强省，首先基于对社会主义文化的全新认识。国家的发展、民族的进步，不仅要有经济的力量，还要依靠文化的力量，文化建设在实现民族地区转变经济发展方式、调整经济结构、拉动内需、促进就业、实现民族地区跨越式发展中发挥的作用和影响越来越明显。随着经济的快速发展，各民族群众对精神文化的需求不断增长，这迫切需要我们加快民族文化发展和繁荣，以丰富和满足各民族群众对精神文化的需求。西南边疆民族地区具有独特的人文历史地理资源，发展文化产业具有得天独厚的条件。多姿多彩、多元多样的民族的文化，为文化产业、旅游产业的发展提供了优厚的资源。云南省委宣传部参与拍摄的电视剧《我的团长我的团》《翡翠凤凰》《滇西 1944》等影视剧，在央视播出以后，都引起了强烈的反响。《云南映象》《丽江印象·雪山篇》《丽水金沙》《梦幻腾冲》等歌舞，都取得了良好的社会效益和经济效益。

四　制定民族文化发展规划，促进边疆民族文化繁荣

党的十八大报告指出："建设社会主义文化强国，关键是增强全民族文化创造活力。要深化文化体制改革，解放和发展生产力，发扬学术民主、艺术民主，为人民提供广阔文化舞台，让一切文化创造源泉充分涌流，开创全民族文化创造活力持续迸发、社会文化生活更加丰富多彩、人民基本文化权益得到更好保障、人民思想道德素质和科学文化素质全面提高、中华文化国际影响力不断增强的新局面。"这为云南民族自治地方推进民族文化大发展大繁荣提供了思想理论指导。

（一）将民族文化建设提高到中国特色社会主义现代化建设的总体布局的高度来规划

云南省提出，各级党委政府要紧紧围绕民族文化强省的战略目标，把各个民族自治地方的民族文化建设工作作为重要的任务进行安排和部署。同时，要把这些工作落到实处，处理好民族文化的公益性和产业性之间的关系，不但要重视民族文化的公益性特点，使民族文化服务群众，还要重视经营性文化产业的发展，使民族文化发展具有可持续性。在处理两者关系时，始终把社会效益、服务人民群众作为首要任务。云南省还提出要创新文化发展的机制、创新

民族艺术手段，创新民族文化的投融资方式。在发展民族文化时，要注意民族文化与旅游发展的有机结合。在开发和利用云南丰富的旅游资源时，要把文化发展作为重要的发展内容，把民族文化发展融入旅游发展中，把云南省的旅游发展成具有民族特色的旅游产业。要注意民族文化与企业发展的有机结合，在发展民族文化时，要扶持有实力、有影响力的文化企业或者文化集团，在政策、资金、服务条件等方面支持文化企业的发展，使一批文化企业能够做大做强，代表云南民族文化发展的最高水平，使云南文化产业在发展中有足够的发展后劲。还要注意民族文化与高新科学技术的有机结合，民族文化发展要紧跟时代发展的脚步，充分利用一些高新技术，使民族文化的表现形式、管理方式注入新的内容和活力，加强云南民族文化的吸引力、影响力和感染力。要把“香格里拉”“茶马古道”“七彩云南”“聂耳音乐”作为云南省民族文化发展的四大品牌进行打造、扶持和发展。各级政府要抓好新博物馆、艺术家园区、大剧院、云南文苑、云南亚广传媒中心等具有云南民族文化标志性的基础设施建设，为云南民族文化的发展打好基础。要抓好新闻出版、网络、印刷包装业、影视产业、珠宝玉石文化、民族工艺品、体育产业、茶文化、休闲娱乐业等十大文化产业的发展，使这十大文化产业形成合力，不断增强云南民族文化的竞争力。到 2015 年，云南民族文化产业在全省 GDP 中占比为 8%，2020 年要力争达到 10% 以上，使民族文化产业在地方经济发展中占有越来越重的地位。

2011 年，云南省委、省政府将云南省民族文化产业的重点示范区及其重点文化产业项目全部列入云南省的发展战略规划，在前期经费和贷款方面给予优惠和补贴，同时，还制定推行了针对影视文化产业的专项奖励措施。积极扶持云南民族文化的文化产品生产，促进民族文化的人才流动，积极支持具有云南代表性的民族文化作品、团体“走出去”，不断增强云南民族文化的知名度、美誉度和吸引力。

（二）把文化产业大发展作为实现民族文化大发展大繁荣的重要内容

云南省为了把民族文化产业做大做强，颁布实施了“文化产业振兴规划云南行动纲要”。在行动纲领中提出，要以民族文化产业重大项目作为领头羊，积极带动其他项目，不断培育各地的骨干民族文化企业，将民族文化产业园区建设、民族文化市场体系培养、民族文化产业升级等方面不断加强。实现民族文化大发展大繁荣，主要解决好以下几个问题。

第一，注重民族文化与现代文化的有机结合是实现民族文化大发展大繁荣的基本原则。西南边疆民族文化确实很丰富，特别是云南的原生态文化很有特色。资源优势不等于竞争优势、发展优势，民族文化发展繁荣要把边疆民族自治地方的民族文化传统和现代文化相结合，坚守优秀传统的民族文化，同时，也要融入流行、时尚、现代的文化元素，使民族文化不断注入新的活力和丰富的时代内涵。使云南民族文化具有时代感、具有民族性、符合时代性的要求，这样，民族文化才能有进一步创新的可能。

第二，在保护各个民族的非物质文化遗产时，要采取多种措施，多方协作。非物质文化遗产是各民族历史传统重要内容，是各民族文化形态的重要表现，但也是在现代文明进程中民族文化中丧失最快的一个方面。重视非物质文化遗产的保护，是民族文化大发展大繁荣的重要任务。因此，一定要搞好规划，采取切实的一些保护措施，对非物质文化遗产的传承人给予补助。

第三，加大与东南亚、南亚国家进行文化交流合作。一是云南省以南亚、东南亚接壤，许多少数民族族群跨境而居，云南省要繁荣和发展民族文化，就要加强与南亚、东南亚民族文化的交流与合作，努力打造具有主动性和自主性的自主知识产权的知名文化品牌，在专项文化人才培养、语言推广、民俗沟通、文化项目的合作等方面，广泛开展合作。二是依托云南省独特的区位优势和少数民族跨境而居的特点，把各少数民族同宗同源的天然优势发挥好，不断推进云南省与东南亚、南亚各国的交流和合作，深入贯彻在国际关系中的“与邻友善，以邻为伴”的基本外交方针政策，为云南民族文化的发展创造良好的国际条件和周边环境。三是利用外交宣传的机会，不断向东南亚、南亚的各国展示云南省的民族文化形象，将云南丰富的文化资源和民族多样性资源充分展示到周边国家，将影视、出版等文化产品翻译推广到南亚、东南亚国家，把区域国际性学术交流和文化研讨作为云南民族文化交流和合作的平台，全方位推进云南民族文化的知名度。四是在云南省进出口贸易中，不断调整出口贸易的结构，将文化产业的比重不断增加。利用文化企业和文化机构的影响力，加强与周边国家的民族文化交流与合作。

第四，以民族文化发展为契机，促进各民族和睦相处、和衷共济。边疆民族地区呈现出经济发展、社会进步、文化繁荣、民族团结、边疆安宁、人民安居乐业的和谐局面。这确实和我们的文化建设有很大的关系，从根本上说，西南各族人民有一个共同繁荣发展、共同团结奋斗的思想基础。同时，西南是个多民族的地方，各个民族之间都有深厚的文化根基，并且能相互包容、各展所长。还有各级党委、政府多年来对少数民族地区的经济建设和社会建设都高度重视，采取了一系列措施改善他们的生产生活条件，使他们走上了脱贫致富的道路。加快民族文化建设，推动各民族文化的相互之间的交流、交往和交融，使民族文化的发展变成软实力，不断促进边疆自治地方各民族之间的和谐和团结，最终实现边疆地区的繁荣和稳定。

第五，云南省把文化置于经济、政治、社会文化“四位一体”之中，将文化摆在了一个重要的位置，省委省政府将文化作为经济发展的一个新增长点，并把它做大做强，从而使文化产业在云南省的 GDP 比重中不断地提高，为民族自治地方的经济建设做出应有的贡献。这样做的结果，文化就不是简单的作为经济发展的台子，而是作为拉动地方经济建设的一种重要力量，同时，也是满足民族自治地方各族人民日益增长的精神文化需求。云南省未来将重点发展十大文化产业，即广播影视、新闻出版、节庆会展、演出演艺、工艺品、文化旅游、休闲娱乐、珠宝玉石、体育健身、茶文化产业，在 2015 年，在全省形成科学合理的文化产业体系，动漫产业和广播影视、新闻出版、网络等基于现代传媒技术的产业竞争力得到明显提升，带动全省文化产业结构升级；演艺产业、工艺品产业、节庆会展产业在中西部地区处于领先地位，对地方软实力的提升、区域经济和乡村经济的发展起到明显的带动作用；强化珠宝玉石产业在全国的领先地位，进一步扩大其品牌影响力；推动文化休闲娱乐产业、茶文化产业、高原体育产业建设取得重大进展，成为全省产业发展新亮点；加大文化与旅游的融合力度，把文化旅游业发展成为我省最具特色和发展活力的战略性支柱产业。同时，推进文化产业与其他产业的融合，提升产业附加值。[①]

云南还将文化产业基地、文化产业园区、特色文化产品的一些文化企业进行扶持和打造，不断策划和组织一些具有时代特色、民族特色的文化活动，同时，不断推进中外文化深度交流和合作的重点项目。到2015年，云南省的文化产业增加值将达到800亿元，文化产业发展在全省GDP中的比重已达到8%左右，使文化产业形成产业链，在这条产业链上的从业人员有一个大幅的增加；到2020年，云南省的文化产业增加值将不断得到提升，力争占全省GDP比重的10%，从而基本完成云南省将民族文化作为重要建设目标的阶段性任务。

云南省为了进一步促进文化产业的快速发展，坚决、全面贯彻执行国家有关文化产业发展的各项政策，同时，云南省还制定了《关于加快文化产业发展的若干政策》《关于建设民族文化强省的实施意见》和《关于进一步深化文化体制改革推进经营性文化事业单位转企改制的若干意见》等政策性文件，文件内容涉及财政的投入、工商登记和注册、税收的优惠、文化产业化发展的用地等细节均做了明确规定，具有可行性和可操作性。

---

① 张田欣：《实现文化强省云南有得天独厚的条件》，《人民网》，http：//www.people.com.cn/GB/32306/143124/147550/12907964.html。2010年10月9日。

第三节　云南省民族自治地方民族文化建设存在的问题

一　民族文化遗产存在流失现象，而且这种现象有日趋严重的趋势

据云南省民族事务委员会的调查，由于云南民族自治地方的文化事业发展和技术发展不同步，民族文化遗产抢救不力，一些地方政府甚至不作为，大量的具有较高文化价值的民族古籍至今散存于民间，而且以惊人的速度在不断流失。目前，已查明的57900多部、套的民族古籍文献中，得到抢救保护的比例还不到十分之一。[①] 一些民族自治地方的文化遗产随着民间艺人的去世，后继无人。有的现存文本就成了谜一样的“天书”，另外，一些口传、礼仪、习俗等形态的文化遗产也在不断地消失。总结起来，存在以下几个问题：

第一，各民族的民俗和文物遗产问题。云南是少数民族聚居的地方，各种文化交流汇聚，随着社会经济的发展，一些民俗和文物不断淘汰，最终出现消失。例如，手工榨油机、水碓机器、水碾机器、手工纺织机具等都曾被各少数民族普遍使用，但是，工业时代的到来，这些效率低下的机器无疑被淘汰，但作为文物，地方政府有责任进行必要的保护；比如纳西族的东巴艺术品，彝族毕摩流传的绘画经，还有傣族的《贝叶经》等，这些经籍都具有较高的文化价值，但这些珍贵的民族文物和民族艺术品大量被盗卖或流出境外。

第二，各少数民族的语言文字流失问题。由于教育体制和经济发展的原因，各少数民族，尤其是一些人口较少的民族与汉族交往不断增加，民族语言逐渐被各少数民族不用或少用，从而导致民族语言面临严重危机。例如，云南省的基诺族人民群众几乎已经放弃了双语教学，统一用汉语授课，有专家预言，20年后这个民族的语言将会彻底

① 云南省民族事务委员会、云南省民族理论学会课题组：《促进云南少数民族地区“共同团结奋斗、共同繁荣发展”研究的总报告》，《今日民族》2006年增刊。

消失。[1] 阿昌族聚居区德宏州梁河县共有阿昌族人口19800多人，占全国阿昌族总人口的38%，现能说阿昌族母语的只有4800人，仅占梁河县阿昌族总人口的40%。西双版纳基诺族、布朗族已普遍使用傣语，潞西市三台山德昂族普遍使用傣语和景颇语。[2]

第三，民族服饰的趋同问题。通过调查，我们发现在许多民族地区，传统的民族服饰只出现在民族节日、重要庆典上，其他时间，均着汉服，我们分析其原因，少数民族服饰存在制作工艺复杂、周期长，劳动不方便、价格偏高等原因。一些少数民族主动放弃，资源选择价格低廉、色彩丰富、方便劳作的汉服。在云南省楚雄彝族自治州的几个村寨，我们就发现，彝族群众几乎都着汉服，尤其是年轻人，紧跟时尚，大多不愿着民族服饰，只有一些老年妇女，由于劳动不便，一般在家操持家务，还穿老式彝族服装。

第四，特色民居不断被现代建筑代替。各民族的民居是民族物质文化的一个重要载体。云南由于不同的地理结构和地理环境，各少数民族民居非常丰富。然而，随着改革开放的进一步发展，各少数民族的经济发展和生活水平也在不断提高，少数民族的民居也发生着显著变化。特色民居不断被钢筋混凝土的现代建筑代替。我们在普洱调查时发现，一些傣族村寨的民居已被现代化的砖木结构平房和钢筋水泥结构的楼房所代替。

二 各民族的文化传承人才青黄不接，断层现象严重

民族文化的传承人在各个民族文化的发展中起着重要的作用，他是各个民族自己的传统文化的守护者、继承者、发扬者和再创作者。从我们调查的情况看，大多数民族自治地方的民族传承人老弱病残，风烛残年，而更严峻的是后继无人，有的年轻人虽然拜师学艺，作为

---

① 冯英、桂杰：《中国几十种语言处于濒危状态》，《中国青年报》2004年2月21日。

② 云南省民族事务委员会、云南省民族理论学会编：《云南民族团结进步事业光辉历程（1949－2009）》，云南民族出版社2009年版。

后继传承人，但大都难担重负。许多年轻人宁愿随着外出务工的人流到大城市中打工，也不愿意守在本乡本土学习这些“华而不实”的传统文化，这就导致了民族传统文化的传承人才不断出现后继无人的局面。这个问题目前在各个民族自治地方中已经非常突出。如果不及时解决，许多民族文化将逐渐消失于历史的长河。我们在楚雄、红河、大理调查时，发现一些颇具民族特色的民族优秀文化，在现代化的挑战下，不断消失于无形。例如，我们在双柏县调查得知，能够完整地吟诵彝族著名创世史诗《查姆》的老毕摩逝世后，很多有艺术价值和文化价值的古籍已经无人能懂，能全面掌握这部史诗的人已经绝后。

三　民族文化的保护与开发依然是目前最为显著的矛盾

许多民族自治地方的政府部门无法很好处理“保护性开发”的难题。有的民族文化在“保护”中渐渐消失，有的甚至是死亡，而有的又在过度开发中面目全非，将优秀的传统民族文化变成恶俗的流行快餐文化。在社会调查中，我们了解到，“摩梭人”“泸沽湖”是丽江的一张响亮的民族文化名片。“摩梭人”由于素有走婚的习俗，生儿育女主要靠“阿夏走婚”来完成。这一民族文化习俗为丽江旅游增添了一抹神秘的民族特色。然而，当地为拉动旅游业的发展，将泸沽湖畔摩梭人的“走婚”作为招揽游客的诱饵，从外地来招来一些“性工作者”，让她们穿上摩梭的服饰，冒充摩梭姑娘进行接客卖淫活动。这样的结果，只会把摩梭人的“走婚”文化推向万劫不复的深渊。

在大力发展地方经济过程中，部分民族自治地方存在“建设性破坏”和“破坏性建设”的现象，为了追逐短期性的经济效益，当地人民群众盲目无序地对民族文化进行开发，为了吸引游客、招揽生意，甚至任意曲解、随意篡改优秀的民族文化，在旅游经济发展的冲击下，一些颇具特色的民族文化正在加速消失，甚至变形扭曲。这种现象如果不进行遏制，将会对当地民族的团结、互助、和谐蒙上阴影。

四　管理缺位，致使一些民族文化生态保护区发展受到阻碍

通过了解，我们发现，许多民族自治地方的民族文化生态保护区重申报轻管理，申报时为了政绩、资金扶持等，下血本进行申报，申报成功后，疏于管理，甚至不闻不问，任其自灭。“景洪市巴卡基诺族文化生态村”“丘北县仙人洞彝族文化生态村”就存在管理难和发展难的问题，有一部分民族传统文化生态保护区已经变成一个空壳。另外，民族文化保护的生态认为环境遭到了严重的破坏。在保护开发和利用民族文化资源时，必须要有与之相匹配的人文环境。然而，通过调查，我们发现，在处理民族文化发展和人文环境两个问题方面，许多民族自治地方没有很好处理两者之间的关系。肆意破坏人文环境，使民族文化失去其滋养的人文土壤。民族文化就成为了无源之水，无基之厦。

第四节　云南省民族自治地方民族文化建设的对策建议

一　根据民族自治地方的实际，制定符合各个地方民族文化发展的法律法规和相关扶持政策

首先要加快民族文化发展的立法进程。使云南民族文化遗产的保护和传承得到法律的保护，在文化执法中有法可依。要制定出台《云南省民族文化遗产保护条例》《云南省民族民俗文物保护条例》《云南省非物质文化遗产保护条例》《云南省民族语言文字古籍保护条例》以及《云南省民族民间传统文化保护条例实施细则》《云南省历史文化名城名镇名村名街保护条例实施细则》。各地方也要尽快研究制定与本地区民族文化遗产保护传承创新相配套的规章制度和地方性行政规章，切实保障民族文化遗产的保护、传承和发展。其次加强执法督查。要加强民族文化遗产保护执法队伍，加大执法力度，严厉打击破坏、损坏、盗卖珍贵民族文化遗产的各类违法犯罪行为，严格追究因

决策失误、玩忽职守，造成珍贵民族文化遗产被破坏、被盗或流失的责任人的法律责任，做到执法必严，违法必究。要建立民族文化遗产保护传承的执法督查制度，督促检查落实城乡建设、民族地区城市化建设、民族地区大型基础建设、民族旅游产业发展过程中的民族文化遗产保护问题。最后根据国家相关部门的要求，大力加强民族自治地方基础文化设施的投入和建设。在人才培养、文物保护、文化遗产保护、民族文化的交流等方面，加强引导和支持力度，为民族文化发展创造有利条件，提供物质支持。

二　要不断投入，将民族自治地方的文化基础设施建设作为一项重要的建设任务

云南省由于经济发展落后，社会发展水平不高，再加上历史原因，文化基础相对薄弱。云南省要发展好民族文化，必须持续不断加大各个民族自治地方文化馆、图书馆和其他文化活动场所的建设力度，以“广播电视村村通工程”为基础，采取更加有力的措施，着力解决民族自治地方少数民族群众看书看报难、看电视难、看戏难等问题，将民族文化的基础设施建设作为一项惠民工程、民生工程，多渠道、多方位满足民族自治地方人民群众日益增长的精神文化需求。

三　制定切实可行的措施，加大文化人才队伍的培养

任何行业之中，人是最能动、最积极的要素，工作事业的发展和推进乃至创新，人才队伍的素质起到关键的作用。要发展云南民族文化，必须高度重视人才队伍的建设和培养。要将民族文化人才作为专业的人才进行培养，同时，要创造良好的文化氛围，将民族文化培训活动作为一项长效机制，着力建立起人才竞争、人才使用的激励机制，使民族文化人才有脱颖而出的机会，使有高水平的人才有展示的机会。在培养人才过程中，要解放思想，广纳贤才，大力引进有特长的民族文化人才，不断提高引进人才的职称、工资收入、工作环境，使高素

质的专业人才引得进、留得住、用得好。

四 将各类民族文化活动的举办作为一项重要的工作

民族文化活动首先具有民族参与广泛性的特征。人民群众参与面越广，参与积极性越高，优秀的民族文化就会得到进一步的发展和更好传承。各个民族自治地方政府要采取有力的措施，针对各类民族文化活动的举办，要大力支持。努力把各类民族文化活动办成群众广泛参与，培养文化人才，提高文化创作水平的平台。把云南民族文化融入到各类文化活动之中，使云南民族文化的宣传润物细无声。在举办活动时，将先进文化与传统的民族文化相互结合，融会贯通，使各类民族文化活动成为各个少数民族相互了解的舞台。

五 不断突破民族文化挖掘、保护和开发利用的瓶颈

各级政府应全面调查摸清各个民族自治地方民族文化的基本现状，找出优秀的传统民族文化，认真分析存在的问题，不断实施民族文化的保护工程，把那些濒临灭绝的民族文化遗产列入重要的保护对象，调集资金，人才对其抢救性的整理和研究。同时鼓励优秀的民族文化精品进行表演、发行和发表，积极支持和鼓励民族文化的创新，不断提高民族文化的吸引力和感染力，使优秀的民族文化在保护和开发中发扬光大，同时可以带动旅游行业，不断促进民族自治地方的经济社会发展。

六 以文化体制改革为总抓手，不断促进和加快满足文化产业的发展

云南省要按照中央的要求，不断探索民族自治地方满足文化产业的体制改革。要根据云南省目前面临的情况、存在的突出问题，积极主动与国家有关部门进行必要的汇报和沟通，争取政策性的支持。在满足文化体制改革中，要始终保持公益性为主的特点，同时要鼓励社会广泛参与，通过市场的公平竞争，使云南省民族文化产

业做大做强。

七　要把民族文化的交流合作作为一项推进民族文化建设的举措来抓

要通过不断在人口比较集中的大中城市、少数民族和民族地区、世界不同的国家和地区举办云南少数民族文化遗产、少数民族非物质文化遗产、民族民间传统文化、民族服装服饰艺术、民族民间工艺美术、民族传统节日文化、民族民间音乐舞蹈艺术、少数民族语言文字古籍、少数民族传统生产生活技术等不同内容的民族文化遗产展览活动，要提高全社会对民族文化遗产的自觉保护和传承意识，尊重各少数民族优秀传统文化，促进民族文化多样性的传承与发展。

八　打造文化产业精品，促进民族文化创新发展

一要建设民族文化精品旅游产业。要积极依靠各民族丰富而独具特色的民族传统文化，以建设民族文化精品旅游景观景点为目标，着力打造在国内、国际具有竞争力的民族文化精品旅游景点景观。要在保护好民族历史文化遗产资源的前提下，着力打造和推出一批极富地方民族特色的民族历史文化旅游名城名镇名村。依托边疆、边境民族地区的资源优势、区位优势、自然环境优势，发展边境民族文化旅游产业。二要打造民族文化艺术产业品牌。要树立品牌意识，立足民族传统文化资源优势，借助政府、社会、国际力量，组建一批大型民族文化产业集团，使云南民族文化产业成为一个聚居区，不断提高云南民族文化的国际竞争力，提高世界的知名度。扶持云南25个少数民族，特别是特有民族、跨境民族、人口较少民族，要将这些少数民族的代表性文化精品推广到市场上。三要通过相关的政策，扶持和支持满足文化产业的发展壮大。通过财政、税收、金融等手段，积极支持发展民族文化产业，形成以民族旅游、民族影视和民族医药等为重点的文化产业链条，实现民族文化资源优势向产业优势、经济优势、市

场优势、资本优势转化。要特别重视民族文化传承创新过程中的知识产权问题，要不断规范在发展中的利益关系，充分保障民族文化的创造者、传承者、创新者与开发利用者之间的利益关系，充分调动各方的积极性和创造性，促进民族文化科学持续健康和谐地发展。

第三章

云南省民族自治地方科学技术发展研究

当今世界科学技术飞速发展，同时也带动着经济社会的发展，科学技术和经济社会发展之间形成了密不可分的联系。并逐步成为决定一个国家或地区综合实力和核心竞争力的主要因素。科学技术在社会、经济、政治、军事、文化、思想等方面的发展中发挥着极其关键的作用，扮演着重要角色。科学技术是当今社会进步的主要推动力，是先进生产力的集中体现和主要标志。在国家创新体系建设中，科学技术具有独特而不可代替的特殊地位和重要作用。

马克思、恩格斯在阐述有关科学技术的观点中，总是以惊叹欣喜的心情来谈论科学技术革命在社会进步中所起到的决定性作用。马克思曾写道，随着欧洲工业革命的诞生，从十八世纪中叶起就出现了工业用来摇撼旧世界基础的三大伟大杠杆，它们分别指的是分工、水力、机器的应用。特别是蒸汽力的出现和利用。这一先进科技成果的出现及其广泛应用，使生产力得到了飞速发展。同时也带动了资本主义经济的发展，带来了国家以及上层政治建筑的演变。如果将科学技术看成是一场革命，那么这场革命的最终目的，是从一种社会结构中发展出另一种更高级的结构，而这种社会结构在科学技术的推动下不断发展壮大，形成了新的社会格局，并最终促进和推动整个社会的进步和发展。

而科学技术含义的本身就体现了它的积极作用和重要地位。科学技术是通过研究和利用客观事物存在事实及其相互间存在的客观规律，最终达到高效率、方便快捷、低消耗、高产出等特定目的的一种方法和手段。科学技术的进步为人类创造了巨大的精神财富和物质财富，是人类文明的标志，是第一生产力。而有关“科学技术是生产力”和“生产力中也包括科学”的著名论断，最早是由马克思通过对人类社会早期科学技术（主要是技术）的发展结果分析得出的。随后，邓小平针对科学技术在社会发展中的地位进一步提出了“科学技术是第一生产力”的科学论断，更加突出和明确地指出了科学技术在现代社会各个方面发展中的“龙头”地位。与此同时，社会发展的实践也更加有力地证明了这一点。随后，胡锦涛总书记在2004年召开的中国科学院第十二次院士大会、中国工程院第七次院士大会上又再一次地强调了“科学技术是第一生产力”的重要地位，同时指出了科学技术对国家的发展和民族的未来所具有的决定性意义。总之，科学技术在当代经济中的作用越来越突出，科学技术这个生产力同其他生产力要素比较起来，有着更具领先、推动作用的优势。

第一节 科学技术在云南经济社会发展的地位和作用

科学技术是社会发展的重要推动力量，现代科学技术已成为现代社会进步的决定性力量，新兴产业的形成和发展更是将科学技术的进步作用体现得淋漓尽致。在强调科学技术巨大作用的同时，科学技术的地位也不容忽视，科学技术的地位主要是指在社会创新体系建设中的地位，在经济建设和社会活动中所处的环节。科学技术的作用则是对市场和社会提供服务。在云南省经济社会发展的过程中，经过实践的检验，人们对科学技术的地位和作用，已经形成了共识。与此同时，科学技术作为云南省经济和社会发展的主要推动力量，其影响日益显现。

一 科学技术在推动云南省改革发展方面发挥着重要的作用

早在1993年，为了促进云南省民族自治地方科学技术进步，加速民族自治地方经济和社会的发展，结合云南省的发展实际，云南省第七届人民代表大会常务委员会第二十八次会议通过了云南省第一部地方性科技法规——《云南省促进民族自治地方科学技术进步条例》（以下简称“条例”）。依据民族自治地方的特点和需要，分别从财政、物资和技术等方面，扶持民族自治地方加速科学技术的发展进步。《条例》的实施，为云南省的科技事业发展提供了制度保障。2006 年，云南省十届人大四次会议审议通过的《云南省国民经济和社会发展第十一个五年规划纲要》（以下简称“十一五”）中提出，以改革开放和科技进步为动力，强调不断增强自主创新能力，加快发展对经济增长有重大带动作用的高新技术，明显提高经济增长的科技含量。在正确的理论指导下，云南省推进科技创新所取得的显著成效主要体现在建设创新型云南行动计划的落实中。该行动计划所实施组织的重大科技项目达 120 余项，其中有 20 多项集中在重大装备以及关键部件的研发项目上。在自主知识产权的开发中，重大新产品的研发近 140 个，创新型试点企业的培育约 120 余户，其中取得国家新标准认定的高新技术企业有 261 户，申请了专利并获得授权的分别达到两万件。

以上的发展成就充分地证明，科学技术推进了云南省经济社会的发展，为云南省经济社会的发展积累了宝贵的经验，提供了发展平台，孕育出巨大的精神财富，为云南省的发展积蓄了强大能量，也为《云南省国民经济和社会发展第十二个五年规划纲要》（以下简称“十二五”）的提出和顺利实施提供了良好的条件。在“十二五”规划中，明确提出要将科技进步和创新作为经济发展的主要支撑。回首云南省“十二五”的发展历程，云南省认真贯彻和落实科教兴滇以及人才强省等富滇战略，利用和发挥好科学技术这个第一生产力和重视人才这个第一资源的作用。提升和加强教育现代化的水平，注重自主创新能力的加强，不断为壮大创新人才队伍，增强科技创新力量而努力，使科技进步、劳动者素质的提高和管理创新的转变等几个要素成为推动发展的重要助力。提高了教育现代化水平，增强了自主创新能力，壮大了创新人才队伍，推动了发展要向主要依靠科技进步、劳动者素质提高、管理创新的转变，更加凸显了科学技术对云南省经济社会发展的重要意义和特殊的作用。科学技术的进步和创新作为支撑和引领云南省经济发展和社会文明进步的重要驱动力量，在高素质人才的培养、创新体制机制、建设创新型云南中提供了智力支撑和人力保障。这些发展经验表明，科技兴滇、科技兴州战略正在逐步得到贯彻和落实，云南省社会各界已经树立起科学技术是第一生产力的观念，明确认识到现代科学技术和现代管理是提高经济效益的两个决定性因素，是使云南经济走上新阶段的主要动力，是云南省经济社会发展的引领。

二　科学技术在促进云南省社会和谐方面发挥着重要作用

当前，云南改革发展已经进入发展机遇期和矛盾凸显期。经济体制深刻变革、社会结构变动、思想观念的冲击、区域和城乡发展差距大成为这个发展时期的阶段性特征，而科学技术的发展正是解决这些深层次矛盾的重要手段。科学技术的发展以及科学知识的普及和传播有利于调动个人积极性，发挥其创造才能，提高公众科学素质，激发公民为云南省经济社会和谐发展贡献自己的聪明才智，推动精神文明向前发展，最大限度地减少社会中的不和谐因素，减少发展阻力，达到人与人、人与自然和人与社会的和谐相处。同时，科学技术的发展也为云南经济社会的发展创造着更多的物质成果，为其发展奠定了丰富的物质基础，提高了人们的生活水平，增加了人均收入，从根本上改变当地人们的衣食住行等物质生活内容，不仅缩小了与发达地区的差距，而且也使云南省城乡、区域发展差距逐步缩小，农民收入增加，农村物质文化生活状况得到改善，促进传统农业向现代农业转变，加快了城市化进程。总之，科学技术的发展为云南省人人共享、普遍受益的社会主义和谐社会提供了有力的保障。

科学技术是人类的智慧和结晶，是生产力中最活跃的、决定性的因素，是建设社会主义物质文明和精神文明的重要基石，是推动社会历史发展的伟大革命力量。现代社会越来越离不开科学技术的发展，科学技术正以空前广泛的深度和前所未有的速度，贯穿于人类社会发展的各个领域。发展科学技术不仅仅是云南省政府、各个部门的大事，它还要求全体社会成员一起来关心和推动科学技术事业的发展。也正是因为有这种切合实际的理论指导着云南省的经济社会生活，才使得云南省的经济得以又快又好地发展，人民的生活水平得以不断提高，科技成果得以转化和共享。

第二节　云南省民族自治地方科学技术发展现状

作为统一的多民族国家，民族自治地方经济社会的发展直接影响着我国的政治稳定和社会进步。民族自治地方的社会建设和社会管理是集民族性、历史性、地域性、长期性等特点为一体的过程。民族自治地方在地理分布上呈现出相互交错、混杂居住的格局。从全国范围来看，民族自治地方主要分布在东北、西北、西南等边疆地区。云南省是中国少数民族最多的省份，民族自治具有典型性和代表性。云南省地处中国西南边陲，下辖 8 个市、8 个少数民族自治州、29 个少数民族自治县（各少数民族自治州、县名附后）。各民族之间在政治、经济、资源开发等方面已基本形成平等、团结、互助、和谐的民族关系。近年来，云南省民族自治地方在提高公共服务水平方面做了较大努力，在科学技术发展和推广过程中也取得了不少成就，但同时也存在明显的发展不平衡和地方差异性等问题。系统研究云南省民族自治地方科学技术发展现状，有助于我们全面了解和掌握云南省科学技术发展存在的问题，有助于我们采取切实可行的措施加速推进社会建设和社会管理。

随着改革开放的深入推进，云南省在科技工作的部署上取得了显著的成绩，顺利实施了科教兴滇的惠民战略，科学技术促进了社会事业的全面进步。使得科技与经济的关系进一步加强，科技进步对经济增长的贡献率不断凸显。随着“十一五”规划主要目标和基本任务的完成，科技体制改革的步伐得到了深入推进，云南省各级政府对科技的投入也不断加大，科技创新能力有了明显的改进和提高，使得新科技成果不断涌现，科技发展环境得到了优化，科学技术对经济社会的支撑作用日益增强。科技工作紧紧围绕地区经济发展这个核心任务，不断加强自主创新能力的提高，同时，云南省各民族自治地方也在着力推进农村大众科技知识的普及，积极组织了养蚕、养猪、养羊等畜牧业和茶叶、甘蔗、优质蔬菜等经济作物的种植示范基地等特色产业项目的实施。认真落实科学技术是第一生产力的思想，牢固树立科学发展观，使科技与经济紧密结合，民众的科技素质明显提高，科技环境和科技基础明显改善。“十二五”规划中，将促进科学发展定位为关键攻坚期，更加突出科学发展这一主题，发挥好科学技术进步和创新的重要支撑作用，深入贯彻落实好科教兴滇和人才强省等重点发展战略，实现又好又快的发展。

一　科技体制改革逐步深化

党的十一届三中全会以来，云南省充分响应党中央、国务院的号召，进一步加强了对科技工作，尤其是加强了科技的立法工作。相继出台了一系列的地方性科技法规，从政策法规、管理体制等各个方面为云南省的科技创新营造环境，使云南省的科技法制建设更加规范化、科学化。自 1993 年 1 月云南省颁布实施了第一部地方性科技法规——《云南省促进民族自治地方科学进步条例》以来，又相继出台了《云南省科学技术普及条例》《云南省国民经济和社会发展的系列规划纲要》等，以此来指导和规划云南省科学技术的发展。这些规范性制度措施的出台，使云南省在科技体制改革上取得了新的突破和进展，我们以科技政策贯彻落实较好、较为典型的民族自治地方楚雄彝族自治州为例。实证分析。楚雄州在云南省经济社会发展中具有重要的战略位置，是云南中部高原的主体区域和以昆明为中心的云南省中部经济圈的重要组成部分。地处云贵高原西部，云南省中部偏北一带，国土面积 2.9 万平方千米，是一个典型的农业州。全州辖 9 县 1 市 103 个乡镇，以丰富的历史文化、浓郁的民族风情和优美的自然风光而著称。

并具有一定的特色农业发展资源、地理位置和产业基础等方面的优势。自2006年国务院颁布实施《科学素质纲要》以来，楚雄州认真贯彻“政府推动，全民参与，提升素质，促进和谐”的指导方针，全州各级各有关部门积极行动，扎实推进《科学素质纲要》实施工作，楚雄州每年都要印发上一年全民科学素质的工作总结以及提出新的一年的全民科学素质的工作要点，对全州全民科学素质工作做总体安排部署，以便进一步推进楚雄州全民科学素质工作任务的落实。这样，通过逐步完善工作制度，做到年初有计划，平时有动态信息，年终有统计、有总结，激活了各级各成员单位的工作活力。楚雄州人民政府在制定印发《关于贯彻全民科学素质行动计划纲要的实施意见》和《楚雄州全民科学素质行动计划纲要实施方案（2011—2015年）》的基础上，同时把全民科学素质工作列入《楚雄州国民经济和社会发展“十二五”规划》之中。随着科学技术相关政策的不断完善和改进，形成了自己独特的科技发展体系和实现路径，为楚雄州科学技术的发展提供了理论支持和政策保障。

为鼓励科学技术的推广应用，楚雄州制定实施了《楚雄彝族自治州科学技术奖励办法（试行）》和《楚雄州彝族自治州科学技术成果管理办法》，激励科技创新的发展，激发科技人员的积极性，促进先进技术和产品的研发；批准成立了知识产权管理和保护机构，如：成立了州、县知识产权以及新闻出版等相关机构。用机制和政策来确保科技发展的质量与水平，使科技评价、管理机制逐步得到认可、建立和完善。

在科技项目和研发机构上也进行了深化改革。楚雄州实行省级科技项目招标体制、专家评审制等制度来推进科技项目管理体制的改革，同时，以企业为依托，建立研发中心或者科技开发机构。目前，楚雄州部分企业已经建成了新的科技创新体系，主要是使产学研相互融合，让骨干企业成为主体。引导企业改变传统的经营思维模式，扩大对外的科技交流与合作，使企业在科技体制改革创新上取得了新的突破和进展。建立和完善新型科技管理体系，在建立楚雄州科技领导小组的基础上，部分县市已建立了领导小组，制定了县市党政一把手科技工作目标责任制考核制度。部分县市还设立了专家咨询制度，专门针对党委政府决策进行咨询，推动了科学、民主决策的进程。

二 在农业科技创新上成果显著

发展农业的根本出路在于科技的创新。农民增收和农村经济的发展是农业科技工作的主要目标。云南省的农业科技工作始终坚持以调整农业经济结构为主线，促进农业发展，农民增收、农村富裕为目标。在贯彻和落实“十二五”期间，云南省科技工作主要是支持发展现代农业，转变农业发展方式。培育农业龙头企业，把云南省建成国家重要的农业生产和加工基地，其中包括常绿草地畜牧业、木本油料生产、优质烟叶生产、南菜北运和云菜外销以及天然橡胶、花卉、茶叶、咖啡等特色产品的生产加工基地的建设。改善农业基础条件，提高农业机械化水平和推广使用先进的农业生产设施。调整优化农业产业结构，做强做大特色优势产业。完善现代农业服务体系，建立现代农业科技支撑体系，加快提高农产品质量安全水平。云南省科技计划资助的农业企业，其加工能力得到了显著提升。通过省级新品种认定的农作物有132个，30多个植物新品种获得国家授权，自主选育出杂交水稻“云光”、玉米“云端”、大豆“滇豆”系列、甘蔗“云蔗”系列等高产优质良粮经济作物新品种。“测土配方施肥技术”“种子健康检测”和“包衣技术”等一批科技成果在生产上得到了广泛应用。其中一些成果被农业部列为全国农业主导品种和主推技术，在全国范围内进行了推广使用。“永德蔗糖循环经济模式”已成为云南乃至全国蔗糖产业示范推广的循环经济典型。除了农作物高产外，特色优势产业也取得了不错的成绩。云南省现已育成花卉新品种一百余个，其中获得新品种授权50多个，占全国授权总数的85%以上，花卉新品种研发数量和种类居全国第一。2014年全省花卉种植面积已达100多万亩，年总产值近400亿元。云南已经成为全国最大的花卉新品种研发基地和花卉种苗产销中心。科技创新成果还体现在以下几个方面：

一是农作物良种、栽培技术和推广成效显著。在农业上，各地州都重视发展特色农产品。以楚雄州为例，“十一五”期间，楚雄州的大部分县乡对农作物进行改良种植。广泛开展了干田优质梨、食用菌、元谋无公害蔬菜、禄丰冬桃、大姚核桃、水稻等农作物新品种的选育、试验、示范及推广。截至 2014 年 5 月，楚雄州双柏县农技中心完成了云南省大豆新品种区域试验播种工作，为促进楚雄州粮经作物新品种的更新换代又续写了新的篇章。到 2013 年间，楚雄州推广的农作物新品种达到 70 多个，粮食作物良种覆盖率达到 97% 以上，楚粳系类水稻良种推广所占比例也大大提高，在无公害栽培、农作物病虫害控制、动物疫病防控等重大农业科技推广项目的实施力度不断加大。实施粮食作物高产创建示范项目 2. 6 万亩，农业科技贡献率达到 50% 。

二是促进了农业产业化进程。初步建立和形成了人工食用菌、优质茶、蔬菜、水果、优质稻米等为主的一批区域化、专业化、品牌化的农产品生产基地，“公司 + 基地 + 农户”的农业产业化经营模式基本形成。过去的数年间，获得无公害标志的农产品数量达到 114 个之多，绿色食品标志的农产品数量达到 50 多个，有机食品标志的农产品数量达到十几个。这些成果的获得，促进了农业科技型企业的发展，云南的特色农业逐步凸显，加快了农业产业化进程。

三是农业发展的科技基础设施得到改善。各级政府加大了对农、林、水等基础设施的科技建设投入，使农田得到有效的灌溉，农作物得到高效栽培，机耕面积明显扩大，农田水利承载能力不断提高。同时，还加强了农村水、电、路等基础设施的通达程度，扩大了其覆盖面积。生活和生产水平也在不断提高，为全省提供了生活保障，发展条件得到改善，为农业科技又好又快地发展奠定了坚实的基础。

四是中医药科技水平普及和推广。以中药药材基地建设为例，楚雄州充分利用本州的气候和特色中药资源种类丰富的优势，实施了 30 多个药材品种的规范化种植技术研究，并以建设天然药业为目标，按照科学规划、抓项目、抓示范等原则，建立了中药药材种植示范基地、示范样板和中药药材种植技术营销协会等。种植中药药材 7. 25 万亩，实现总产值4.9亿元。三七、茯苓、草乌、桔梗等实现了规范化种植，并产生了良好的经济效益。总之，楚雄州在生产特色药材中呈现出种植规模逐年扩大、经济效益不断提高的良好态势。

三　公众科技素质明显提高

云南地处祖国西南边陲，境内以山区分布为主，是全国少数民族种类最多的省份。云南少数民族以小聚居、大杂居和散居三种类型并存。民族自治地方由于其地理位置、经济条件、历史文化发展的特殊性和复杂性，在教育推广和科技普及方面一直处于弱势地位。主要表现在教育投入不足、师资力量薄弱、课程设置不合理、适龄儿童辍学率高等。此外，与其他发达地方相比，民族自治地方的学前教育事业和高等教育事业的发展水平也处于较低水平。这些突出问题的长期存在，同时也影响了民族自治地方科学技术的普及教育，人民群众的科技素质还远远落后于发达地区。

我们通过对云南省各州市义务教育阶段的入学率和辍学率差异进行分析，可以看出近年来云南省义务教育阶段教育机会区域差异的发展趋势。2013年，云南省普通小学平均入学率为95.78%。在16个地州市中，小学平均入学率和初中平均入学率最高的地区是昆明市，分别为99.5%、95.3%。通过云南各民族自治地方的比较，入学率提高最快的民族自治地方是楚雄彝族自治州。截至目前，楚雄彝族自治州学前儿童毛入园率达到91.89%，比上年提高4.91个百分点。同时，不断巩固普通高中发展规模，完成了15000人的普通高中招生任务。另外，高考成绩也是反映这些问题的一个重要指标。近年来，楚雄州的普通高考高分段的比例有较大突破和提升幅度，本科的上线率也有较大提高。在提高全民科学文化素质方面，楚雄彝族自治州通过制定规划，不断推动科普工作，提高群众的科技水平。近年来，楚雄彝族自治州从实际出发，制定并实施了《楚雄州国民经济和社会发展“十二五”规划》，规划中将提高全民科学素质工作列入其中。州人民政府办公室印发了《楚雄州全民科学素质行动计划纲要实施方案

(2011—2015年)》，随后又在州人民政府召开了“楚雄州全民科学素质行动实施工作会议”，并对评选出的全州“十一五”全民科学素质工作18个先进集体、49名先进工作者进行了表彰奖励。在科技培训方面，楚雄州根据各县的农牧业发展需要，通过招收农函大科技培训班的方式，开办养殖、电脑、刺绣、农机维修、市场营销等相关专业，为农村生产服务。楚雄州还组织实施了州级科普惠农兴村计划示范项目30余个，核拨项目经费40多万元，相继建立了科普惠农兴村228个示范点，以此来提高农民的科学素质、促进农民增收。

同时楚雄州还积极开展各种科普宣传活动，组织开展了“科普大篷车”进农村、进学校、进社区科普展教活动。其中社区科普益民计划成为新亮点。组织进行相关主题的科普宣传活动。借助各种宣传手段，扩大传播范围。主要新闻媒体和新闻网站都开办了科技专题、专栏、专版和专门频道。楚雄日报社开办的主要栏目有《彝州科技》《金融知识讲座》《七彩云南·和谐城乡》等栏目，两年来共刊登发表各类科普相关内容1200余篇，图片600余幅。组织各类演出团体下乡进村，共演出近1000场，服务观众100余万人次；全州目前共有露天电影放映点50多个，放映科教片1000多场次，服务观众300多万人次；有科普网站69个，远程教育站（点）538个，科技传播宣传的力度不断加大。加强使用技术培训，并对科技馆布展规模与场次开展建设工作，拓展科技传播宣传新形势。“十二五”中期，楚雄州各级各部门共组织119.28万农民参加各类科技培训，还包括农村党员和基层干部素质能力提升计划等各种科技培训。全州各级农广校共培训绿证学员3.4387万人，培训农村劳动力5.3万人。到目前，科技人才队伍也在不断发展壮大。全州现有1000多名具有副高以上技术职称的自然科学和工程科学学会会员，累计评定农民技术职称3.9242万人。在此期间，楚雄州多个县还涌现出了科普带头人，他们为当地科技事业的创新和发展做出了突出贡献，起到了引导和带头作用，他们用实际行动为科技的普及和推广起到了示范效应和宣传作用。楚雄州永仁县的退伍军人李志坚，不仅依靠科技成为莲池肉鸭养殖大户，同时还与其他养殖户进行养殖交流，积极参与科普宣传活动，将自己的经验传授周边，于2010年，获得中国科协授予的全国“科普惠农兴村计划”科普带头人的荣誉称号。姚安县栋川镇包粮屯村党支部书记、村委会主任魏培银，培育和打造了优质蔬菜种植基地，将毕生精力致力于科技兴村和现代烟草农业示范村的建设上，多次受到省委的表彰，并早在2007年，被中国科协、财政部授予“全国农村科普带头人”。涌现出的这些模范带头人，促进了楚雄彝族自治州的科技发展，同时带领群众走上了致富之路。

四　科技成果持续涌现

近年来，云南省不仅加大了对科技发展的重视程度，而且在科技发展上和相关科技领域都取得了重大的成果。2013年末，云南省经过国家批准组建了4个工程技术研究中心，93个省级工程技术研究中心，省重点实验室37个，创新型（试点）企业238家。截至2013年共登记科技成果1121项，其中，包括基础理论成果60项，应用技术成果1028项，软科学成果33项，有6个项目获得了2013年度国家科学技术奖。已经建立了国家级高新技术产业开发区2个，2个省级高新技术产业开发区。申请专利11512项，获得专利授权6804项；认定登记技术合同3093项，成交金额达到了43.67亿元。实现了大跨步的发展。在全省科技成果不断涌现的同时，楚雄州在此方面也有突出的表现。

民族区域自治地方在科技成果的产出和利用方面也取得了长足的进步。我们以楚雄彝族自治州为例实证分析。早在“十五”期间，楚雄州就已育成“楚粳28号”，并在2012年被农业部确认为超级稻品种，是继云南省首个超级稻楚粳27号之后的又一超级稻品种。育成“楚粳”“楚麦”新品种达到7个之多，为当地的农业产量提升贡献了科技力量，尤其是对粮食的增产，解决少数民族的吃饭问题提供了科技保证。另外，在“彝族药学研究”“植物保护研究”“水利科技成果”等方面，也有20多项科技成果分别获得云南省自然科学类以及科学技术进步类奖励。楚雄建设科协后，近两年来共组织评选申报实施各类科普项目达57个，争取扶持资金653万元；建成“科普惠农兴村计划”示范点263个，普惠农兴村计划已成为科协服务“三农”的品牌。总之，全州的科技成果整体水平较高，取得了显著的经济效益，为经济社会的发展提供了资金支持。

五　工业转型逐步升级，工业科技创新取得重点突破

云南省坚持走新型工业化道路，主抓实现高新化的传统产业、规模化的重点产业以及产业化的高新技术三大重点。着力推进工业科技进步的全面发展，推动工业各行业的整合，完善标准化体系建设，不断提高资源的综合利用水平。通过我们调查，工业科技创新主要表现在以下几个方面。

一是沿着新产品开发这条主线，产业化建设的步伐加快。从楚雄州科学技术发展的事例，我们不难看出这一点。在科技发展进程中，楚雄州大力实施了“卷烟制丝工艺提升及提高质量的集成技术研究”，为推进卷烟品牌战略，做大产业规模，不断提高云南卷烟的市场竞争力和占有率，进一步发挥了烟草产业对全省经济增长的重要支撑作用。同时，还实施了一系列省级项目，如：“大姚矿区800m以下深部矿地震波定位预测及验证”“彝医‘上法’咽舒宝滴丸治疗慢性咽炎技术规范化研究”“气象监测、预警信息系统成果研究”等，这些项目为楚雄州争取到省级扶持资金的大力支持，带动了相关技术企业的科技创新。

二是将高新技术进行改造，促进传统产业的提升。还是以楚雄州为例。为了巩固和提升制糖产业，通过技术改造提升，促进了糖业由以生产原料初级加工向生产高附加值的高级终端型产品转变。同时，还培育了一批以云茶云酒为代表的龙头企业。将地方优势和资源优势充分利用起来，积极发展林产工业及相关林产品产业链，加快蔬菜水果、野生食用菌、原产咖啡、本地核桃、乳制品等特色食品工业的生产。这些产业的调整，适应了市场的发展需求，扩大了市场份额，增

加了各行业人民的收入。在调查中，我们发现许多地方都利用自身的优势，大力发展特色产业。如，楚雄市吕合镇干田村通过引进云南红梨、黄金梨、翠冠梨等优良品种，改造传统的种植方式，许多农户通过优质梨走上致富路。禄丰县大华农产品种植的营销科普示范基地，通过对传统运作模式的转变，依靠示范基地的品种和技术优势，成立专业合作组织。不但帮助农民生产的产品在市场上打开销路，而且将分散的农产品整合起来，帮助农民应对瞬息万变的市场价格。该合作组织还被楚雄州人民政府表彰为高原特色农业重点专业合作组织。以上这些科技项目和实施，大大提高了楚雄州工业经济增长的质量和效益，提高了农业的科学技术水平。另外，楚雄州还通过经营环境的改善提升、服务质量的全面优化、相关政策法规的贯彻落实，使得民营科技企业取得了飞速发展，支撑了该民族自治地方的综合实力的提升。

第三节　云南省民族自治地方科学技术发展的特点分析

我国的民族地区大多数都位于边疆地区且发展程度较低，无论是在自然条件还是社会发展条件等方面，与我国其他地区尤其是发达地区相比，都存在一定差距和特殊性。民族自治地方具有特殊的地理环境，其地广人稀和少数民族聚居区域、边疆地区发展失衡、文化相对落后等，都是导致民族自治地方的科学技术发展水平差距大的原因。我们认为，影响民族自治地方科学技术发展的因素主要有五个：一是观念因素。义务教育普及不平均，人民受教育程度普遍不高，整体观念还比较落后，公共科技意识尚未确立。二是体制因素。分割条块的机构设置，使科学技术的发展和创新障碍重重。三是机制因素。科学技术奖惩机制与管理机制不健全，难以有效推动科技创新。四是经济因素。由于地方财政的资金政策局限，存在政府扶持力度不够，财政支出不合理等问题。五是社会因素。社会对科技的重视程度不够，没有形成良好的科技创新环境，没有形成万众创新的局面，制约了科技发展，也制约了科技成果的推广和运用。各级政府要时刻把握云南省民族自治地方科学技术发展的这些特点，以人为本，实事求是地从民族自治地方的实际情况出发，因地制宜地制定政策，采取有针对性、实效性的措施，紧紧抓住民族地方特色，为积极探寻科学技术的创新和发展路径提供新思路、新方法、新模式。努力形成适合民族自治地方的科学技术发展模式和体系，使科技真正成为推动云南省社会经济发展的第一动力，实现云南省各民族自治地方经济社会的跨越发展、超常发展、科学发展。

一　科技发展面临外部压力：民族自治地方区域发展的特殊性

民族自治地方由于其面对自然环境、社会环境、政策制度、人才队伍等的特殊性，对科学技术的传播和发展具有一定的影响。具体来说，这些特殊性主要表现在以下四个方面。

一是自然条件。由于历史的演变，我国少数民族多数集中聚居在高寒山区。寒冷、干旱、多山成为边疆地区的主要气候和地理特点。这些特殊的自然环境，客观上加重了民族自治地方科学技术在传播上的难度，同时也加重了民族自治地方在项目资金的实施、优秀人才的吸引和科学技术的发展等难度，尤其是加大了科学技术推广的成本。这样的自然条件，要加快发展，加速科技成果的推广运用、提高科技的创新能力，就需要民族自治地方建设服务型政府，提高对自然条件恶劣地区的支持服务，制定切实可行的政策制度，对这些地区的发展给予特别的照顾，在发展规划过程中，将发展重点向这些地区倾斜。

二是滞后的经济发展环境。民族地区薄弱的经济发展基础、落后的经济发展条件和缓慢转型的经济体制等，都是民族自治地方经济环境的主要特点。改革开放的经验表明，发展环境的优化提高，对经济的发展具有重要的促进作用，同时也对科学技术的发展创新具有极大的促进作用。而云南滞后的经济发展环境，在一定程度上不但影响了云南整体经济的发展，也同样影响了民族自治地方科学技术水平和发展方式。

三是相对落后的文化环境。文化环境与民族自治地方政府公共事业的价值取向、内容和方式相互作用相互影响。在各民族历史发展的长河中，各民族都创造了光辉灿烂的民族文化，但是随着社会的发展和人类文明的进步，民族自治地方人民群众的文化水平明显滞后，对先进的科学文化知识掌握还远远不够，尤其是各民族传统文化中存在的一些不适应市场经济的价值观念还有一定的影响。这些传统的价值观念、落后的教育、滞后的科技发展等，对科普知识的普及推广都有制约作用。

四是存在相互交织的社会问题。在长期的历史发展过程中，我国各民族形成了大杂居、小聚居的分布格局，不同的民族在宗教的信仰上、经济发展形式上、传统文化上都表现出各自不同的特点。云南省是一个多民族多宗教的省份，各民族在交往交流交融过程中，不论是在文化上，还是在经济利益方面，相互之间会发生碰撞和冲突，存在一些社会性的矛盾。这些潜在的或已经表现出来的矛盾，如果不及时化解，有效处理，强烈遏制，也将影响到民族自治地方科学技术的发展和推广。因此，整个云南省的各级党政部门，都应该将民族团结问题提高到政治高度，将社会稳定团结作为科学技术发展的软环境来建设。

二 科学技术的发展成为云南民族自治地方经济增长的主要动力

改革开放和科学技术的发展可谓是云南省经济社会保持持续快速发展的关键。两者之间具有相互促进、相辅相成的关系。要深入推进改革进程，提高改革的效益，必须转变经济增长方式和调整经济结构。而这些工作，都要依靠科学技术的进步与创新，走新兴工业化道路。不仅要用现代科学技术改造传统产业，还要不断发展新型产业。尤其是产业的转型升级，离开科学技术的有力支撑，就是空谈。目前，我们已经进入改革的深水期和攻坚期，要全面推进改革，提高经济生产的实效，一定要改变过去依赖和追随省外技术和旧的发展模式。只有抓住科学技术，大力发展科学技术，将科学技术作为第一生产力来发展，才能促进经济建设的稳步增长。只有依靠自身科学技术的发展和进步，努力提高民族自治地方的大众文化素质，大幅度提高核心创新能力，才能为云南省经济社会的发展提供持续快速、安全健康的智力源泉，才可能赢得更多的市场竞争力、发展机遇和空间，从而缩短和发达省份与地区的差距，为现代化建设奠定坚实的基础。

科学技术的发展是解决当前云南省民族自治地方经济社会发展中出现的经济粗放增长、效益低下等问题的主要手段。我们所追求的是拥有良好经济效益的增长速度，而实现良好效益的经济增长，则主要依靠推进科学技术的进步，开展科学技术的创新，改造落后的生产方式和生产手段，以新的高效率的科学的生产方式和手段来实现。提高各生产部门产品的科技含量，才能节约成本，降低能源消耗，优化其产业产品结构，拉动经济的增长，提高民族自治地方的发展质量，更适应市场的需求。通过科学技术的力量，带动新兴部门和行业的涌现，可以解决云南省民族自治地方的过剩劳动力，为当地群众提供更多的就业机会。

科学技术的发展是云南省民族自治地方应对现代化进程和知识经济挑战的关键。在重要领域内，要以科学技术为引领，坚持独立开发和自主创新，将科学技术作为重要引擎，拉动经济中积极因素，突出科学技术在经济建设中的地位和作用。从某种意义上说，科学技术决定着各民族经济的兴衰，决定着行业能走多远。各民族自治地区必须高举科技创新旗帜，走科技创新发展之路，同时，结合高原特色、民族特色、现代化特色，云南省的各行各业才能适应现代化的发展需求。另外，知识经济已经成为现代经济发展的重要组成部分，要赶上知识经济发展的这趟快速列车，我们只能依靠科技创新来支撑。云南省各民族自治地方由于发展缓慢，知识经济的发展还有非常大空间可以进行开发利用。而要发展知识经济，只有不断增强科学技术的发展和创新能力，将科学技术作为核心竞争力和生存力，才是发展经济的重要手段和有效途径。

科技发展是云南民族自治地方经济增长的主要推动力。科学技术的发展是一个重要的系统工作。它是由政府、科研机构、高等院校和企业共同参与的系统工程。在发展中，政府的职能是主导性的，要为云南省民族自治地方科学技术的发展提供规划和引导；相关科研机构和高等院校为其提供理论支撑；企业则为云南省民族自治地方提供转化科技成果的媒介。要实现各民族自治地方的经济发展，各个部门必须各司其职，相互配合，才能把民族自治地方的科技成果推进市场，实现产业化，发挥科学技术的巨大作用。

三　云南民族自治地方科学技术发展具有不平衡性

改革开放以来，云南的科技事业取得了巨大进展，长足发展的科学技术有力推动了云南省社会经济的建设。尤其是信息技术和高科技的发展成为了经济社会发展的内生动力。但是，如果从横向进行比较，科技发展程度和发展水平仍落后于全国的平均水平。与东南沿海先比，差距较大。从整个云南范围来比较，云南科学发展水平还呈现出不平衡性。地区科技水平和发展的不平衡主要表现在科技资源主要集中在省会城市，集中在经济社会发展相对较快、发展基础较好的城市。而在一些发展基础薄弱的民族自治地方，科技发展水平较为缓慢。即使是同一个地区，科技发展中，城乡发展也存在不平衡性，农村的科技推广体系存在不健全，科技服务均等化程度较低等问题。

一是政府投资力度不均衡。在科学技术发展过程中，我们历来强调“科教兴国”的发展战略，强调“科学技术是第一生产力”。云南民族自治地方也将科学技术的发展作为一个核心动力，并不断加强地方财政对科技的支持力度。而财政对科技的支持力度的衡量标准就是看投入的经费多寡。从某种程度上说，地方财政对科学技术事业拨款的力度同时也体现了地方政府对科技发展的重视程度。换句话说，地方政府越是重视科技的发展，所投入科学技术视野的经费就会越多，其结果是科学技术对地方经济发展促进作用也就越明显。反之，投入经费少，科学技术的发展就会受到限制，科技对经济社会的支撑就会出现弱化。我们研究表明，科技经费的投入与经济发展呈现正比关系。

因此，由于云南省民族自治地方的科学技术投入水平的不平衡，导致了经济社会发展水平也呈现出不平衡性。总的来看，各个民族自治地方的科学技术的发展是存在差异性的。科技人员队伍建设、科技经费投入、科技项目的设立等都存在差异。另外，科技队伍的学历和职称指标也存在不均衡性。这些原因导致了民族自治地方的科学技术发展水平呈现出不平衡的状态。

二是资源分布不均。云南省素有“动物王国”“植物王国”和“有色金属王国”的美誉。其中铜矿、锡矿等有色金属矿产产量居全国前列。动植物物种丰富，生物多样性程度高。而这些资源分布在云南省的各个地方，形成独特的地方特色。云南各地州市的科技开发和利用都要根据地区的差异性、独特性。而这种资源分布的不均衡性，需要各个地方从实际情况出发，充分利用当地优质资源，结合现代科学发展技术，改造传统的耕作方式和经营模式，开创当地特色农作物种植和特色科技成果，使其更加具有市场竞争力。

针对这些不均衡性特点，云南省民族自治地方则应遵循“扩大覆盖范围”“水平合理”“局部超越”的方法来提高科学技术发展的水平。首先，“扩大覆盖范围”就是把科学技术推广覆盖到各个地方、各个民族。将科技水平的提升作为发展民族地方经济社会的重要工作内容，按照“不让任何一个兄弟民族掉队”的思路，做好民族自治地方，尤其是贫困面较大的地方的科学技术发展。其次，“水平合理”，即努力将科学技术的发展水平保持在与民族自治地方当前经济社会发展实际情况相匹配的合理发展水平上。要做到经济发展与科学技术的发展相协调，真正做到科学技术的广泛推广与经济社会的同步发展。最后，“局部超越”就是充分考虑目前民族自治地方的发展特殊性，以科学技术的发展为重点。为辖区内的人民群众提供最基本的科技培训。并允许部分地区优先发展、跨越发展，从而带动其他地区的发展，最终实现共同发展。同时，各级政府应贯彻和落实国家出台的相关文件精神，将科学技术的发展作为提高地方经济社会发展的内生动力，不断寻找突破口，弥补民族自治地方的先天不足，不断完善其科学技术的发展体系。

四 云南民族自治地方科技发展水平不充分

纵观全国经济发达地区，科技会随着经济的快速发展取得不断突破。凡是经济发展水平较高的地区，科技对经济的引领作用也就越明显。但是，从全国来说，我国的科技发展是不充分的，尤其是西部民族自治地方的科技发展，不充分性显得更加突出。云南省作为中国面向南亚东的辐射中心，其区位角色和地缘政治决定了云南省的特殊地位。但云南省民族自治地方科技发展水平与其地位是不匹配的，主要仍然是科技发展的不充分，导致了云南发展的落后。

云南民族自治地方的科技基础设施建设发展缓慢，尤其是信息网络平台的发展建设水平远远落后于中东部地区。在大数据时代，信息网络平台是重要的科技发展基础。信息网络平台是帮助传播科学技术的宣传手段之一，21 世纪是信息时代，网络平台突飞猛进的发展和渗透，加快了信息的传播和缩小了地区间的距离，提高了效率，节约了时间和经费。信息网络平台是发挥科普阵地作用的主力军，也是全民科学素质工作开展的重要阵地。但在云南的许多地方，尤其是地处边境、自然条件恶劣、交通不便的地区，信息网络平台建设几乎处于起步阶段。从某种程度上说，科技基础设施的不健全已经成为技术吸收和科技成果转化的瓶颈。所以，加大科技基础设施的投入，加快科技基础设施建设，已经是民族自治地方科技发展的重要任务。科技基础设施维持着科学技术发展的建设，同时科技的发展和建设也要有一个良好的科技环境，科技基础设施作为科技创新环境的硬件条件是必不可少的。国际经验表明，科技基础设施是许多国家和地区提升科技创新能力的基础。它与科技创新政策和创新机制等软件条件，相辅相成，二者缺一不可。云南省民族自治地方不但科技基础设施比较薄弱，而且科技环境也亟待改善。

促成科技成果的转化是科技与经济相结合的不可或缺的重要环节，也是使经济有效发展、转变经济增长方式的重要途径。改革开放以来，云南省民族自治地方的科技成果转化工作已经取得了阶段性的进展和明显的绩效。其显著标志有：省内科技成果转化专项资金项目申报科技含量高、体量大；经过长期努力，各领域科技转化成果取得了相关领域的成就；高校、院所与民营企业、中小企业的合作加强；拓宽了合作方式，加大了技术吸收为科技成果的转化提供了条件。

在科技发展的核心力量方面，则呈现出产品科技含量不高、农业生产效率低下、生产至销售诸环节手段落后的特点。对于科技发展的核心力量，我们应予以高度重视和充分认识，将其摆在重要议程，采取积极有效措施，确保云南省民族自治地方科学技术向着更加健康、更加完善、更有成效的方向发展。

第四节　云南省民族自治地方科学技术发展存在的问题

当前，信息技术飞速发展，经济全球化进程明显加快，科学技术发展不断取得新突破。在这样的背景下，云南省科技事业发展和创新也取得了长足进步，民族自治地方的科技水平也不断得到发展。但是，云南省的科技发展水平与东部沿海地区相比，依然存在较大差距。云南省的区位、经济基础、文化教育程度等因素，造成了科学技术发展水平处于全国发展的低层次，科技发展不充分不平衡、结构不协调、模式单一等。我们要清醒地认识到，云南的基础设施建设发展滞后，科学技术的发展和创新的总体水平和科技实力还比较低，这是制约云南经济社会发展的重要障碍。科技创新能力不强、科技发展体制不健全、机制不灵活、投入渠道单一、人民群众科技意识不强等问题仍然十分突出。因此，如何有效提升云南省民族自治地方的科技发展水平，构建云南省民族自治地方公共服务供给机制显得尤为紧要。加强云南省民族自治地方科学技术的发展对民族自治地方建设服务型政府以及云南经济社会的快速发展具有重大的理论和现实意义。

云南省民族自治地方科学技术发展存在的问题主要表现在科技创

新主体地位不突出，科技政策和创新体制机制不完善，科技资源投入和支撑条件不足，科技人才总量不足，尤其是高端技术的复合型人才较为匮乏，对外的合作与交流不够等问题。因此，在实现建设创新型云南的发展目标仍需付出巨大的努力。

一　科技政策不完备，体制机制不完善

科技政策是科技发展的基本保障，也是科技发展的指挥棒。在科技发展的初期，科技政策往往决定着科技发展的快慢、规模、成效等。因此，科技政策是否完备，对科技的发展至关重要。另外，体制机制也构成了科技发展的重要环境。完善的体制机制可以为科技的发展创造良好的软环境，而僵化或疏漏百出的体制机制不但会制约科技的发展，甚至会阻碍科技的发展进步。云南省作为国家西部大开发政策支持的重要省份，通过一系列的国家发展战略支持，尤其是“富民兴边”“一带一路”等的实施，云南从边疆变成了前沿，云南得到了国家财政和政策的极大支持，经济社会发展向前跨出了一大步，科学技术事业也得到了发展。但是由于历史的、自然的和战略的等诸多因素，云南省的政治、经济、公共服务与科技的发展之间仍然存在一些不协调因素。尤其是科技政策和体制机制不完善的问题，成为了云南科技发展的重大障碍。目前，制约云南科技发展的体制性矛盾仍未解决，云南省科技体制改革和其他领域间的协调与总体规划等方面的配套政策不足，各项政策法规相互脱节或矛盾冲突现象时有发生。推进科技进步的各项法规，但由于贯彻执行力度不够，难以真正实现“有法必依”。科技的创新要素之间缺乏互动协调机制，难以形成科技创新集成体系，科技成果转化也难以形成拳头产品支撑经济社会发展。

科技政策支撑体系和科技体制机制不够完善是科技发展中存在的突出问题。其中主要表现以下几个方面：一是科研机构体制改革滞后，对科技工作激励机制不健全，缺乏科技创新环境，导致科技资源没有得到充分的利用和配置。平均主义思想极大阻碍着科技人员的创新积极性，在一定程度上，导致了人才的流失。二是云南省的科技行政机

构在一定程度上也存在条块分割、相互封闭的格局，难以形成合力。而科技的集成创新是科技发展的核心竞争力，科技行政体机构的整体协调不足，科技服务中介机构发展缓慢，促进科技进步与科技创新的政策宣传贯彻不到位等，制约着科学技术的发展转型。三是云南省科技体制改革以及科技政策法规的理论研究力量薄弱，致使理论难以对实践进行指导，而且科技法律法规的执行配套完善范围广、难度大、工作量大。在基础研究、科技机构、公共安全等公益类研究方面，科技领域的相关法规建设处于空缺状态，许多科技基础条件建设和应用基础问题的研究也难以获得稳定、充分和持续的发展和支持。同时，一些已经出台的科技法规普遍存在执行力度不够的问题，而科技政策存在的具体问题也有待进一步的研究和解决。总之，科技政策法规体系和体制机制需要进一步的完善。

二　科技创新主体地位不突出

创新是一个民族的灵魂，是一个企业生存和发展的灵魂，科技创新是经济发展的动力引擎。总的来说，科技创新可以提高生产效率，降低生产成本；可以使企业的运行更有秩序；可以增强企业的凝聚力，发挥企业员工创造力；能够保障企业沿着正确的方向发展，为企业带来更大的效益。从云南省的科技发展来看，其科技创新在经济发展中的地位还不够突出。

云南作为一个农业大省，国民收入和财政收入的绝大部分直接或间接地来自农业。近年来，通过农业发展战略的调整，云南发展的高原特色农业取得了较好的成绩，尤其是高原观光农业的发展取得了快速的发展。通过农业科技扶持和农业结构的调整，云南省粮食实现了自 2003 年以来的连续增产，主要粮食产量全国排名居前。肉类总产量排名也位居前列，已经成为全国畜牧业主产省份之一。蔬菜种植更是超过百亿的大产业，是全国“南菜北运”和蔬菜出口的主产区。烟叶、橡胶、鲜花、核桃、咖啡等产量更是居全国第一的位置，体现了较好的发展基础和发展潜力。但是，全省农业科技创新仍存在一些问题。

一是农业科技创新体系动力不足。农业科技创新投入不足，配套资金不到位，云南省农业科技投入所占比重远远落后于其他省市；农产品的科技含量不高、产业链条短、投资回报率不高，大多数农产品为初级产品和单一原料，产品的附加值不高，农产品的深加工转化率很低；农业科技推广体系不健全，农业科技创新成果转化推广不到位，设备落后，导致不少地方农业科技推广运行不规范；产业发展也呈现出参差不齐的状态，除云烟、云花等少数产品在国内有绝对的产业优势外，其他多数产业和产品整体上仍处于产业发展的低层次。缺乏跨地区、跨行业的大规模、深加工的大企业和大集团。这些问题制约着云南高原特色农业的跨越式发展。

二是企业存在科技创新主体地位不突出的问题。企业是创新的主体，而大中型企业是云南省科技创新的重要骨干力量。企业普遍认为技术创新存在一定的潜在风险性，因此不情愿搞创新，畏惧搞创新。据调查，2006 年到 2013 年，在全部工业企业中，云南省未开展创新活动的工业企业比重占到 59.7%，其中，中型企业比重占到 38.9%，小型企业占 53.6%；其次是研发产出水平较低，在西部十一省区中，截至 2013 年，云南省高新技术企业总资产 3674 亿元，销售收入 1877 亿元，有 204 家高新技术企业年销售收入超过亿元。在新产品出口销售收入上，仅高于海南和青海两个省份。

三是云南省大部分企业缺少提供资金和研发支撑的平台。具体表现在：对科技的总体投入严重不足，支出结构不均等，研究与实验发展经费支出数量有限。据云南省科技厅公布的《2013 年云南省科技经费投入统计公报》显示，2012 年云南省全社会研究与试验发展经费投入为 687548 万元，排在全国的第 26 位，远远落后于全国发展的平均水平，于全国 31 个省区相比较，属于排名的后位。大中型企业科技活动经费支出 2.5 亿元，排名第 6 位。企业所办的科技机构，占全部大中型企业比重的 28.5%，排名第 6 位。以上这些数据都表明，云南省企业研发在基础平台的建设、研发能力方面、经费支出情况和资金投入总量等均存在不同程度上的差距，自主研发投入相对不足，支出结构不合理，企业科技创新的主体地位不突出。

三 公众科学素质有待提高，创新型人才缺乏

云南省民族自治地方由于特殊的地理位置以及发展状况，使得这些民族自治地方的科学技术发展深受影响。由于计划经济色彩浓重，思想封闭保守，偏安一隅以及缺乏创新精神，导致整体科技观念落后，发展环境欠佳。公众的科技意识淡薄，面对严峻的科技挑战形势缺乏危机感和紧迫感，公众没有真正树立“科学技术是第一生产力”的观念。

当今世界是一个创新引领的世界，科技创新人才已经成为全球性具有竞争力量的资源。因此，科技创新人才一直受到世界各国的广泛关注和重视。培育和吸引科技创新型人才，抢占高新技术市场占有率，保持科技创新优势是所有发展良好的企业重点关注的内容。云南虽然拥有丰富的自然资源，但是由于历史、自然等原因的制约和影响，云南省经济社会的发展仍然处于社会主义初级阶段的低层次，这种低层次主要表现在科技创新能力偏低、人才资源储备不足长期困扰着经济、社会、科技的发展。就云南省现有的科技人才的总体情况而论，主要问题就是：人才总数不够，存在结构不合理，创新能力亟待提升。到2020年，云南将同全国一道要建设成小康社会，使各个少数民族共享发展成果。要实现这一宏伟目标，除了依靠国家扶持、精准扶贫、西部战略之外，云南还需要自力更生，紧紧依靠科学技术的进步和创新，促进经济社会的快速发展。在未来决胜全面小康的关键之间，如果缺少了科技的发展和创新，就不可能真正走上科学发展的道路。从某种程度上说，云南省依托科学技术的进步，促进经济社会发展，缩小与发达地区差距的黄金发展时期，也是争取与全国同步全面实现小康社会的重要阶段，这既是为建设科技人才队伍提供了有利的环境，也为其目标的实现提出了更新更高的要求。虽然近几年来科技人员的数量呈现出迅速扩大化，但是科技人员之间大多是孤军奋战，没有形成团

队意识。缺乏高素质的科技人才和学科带头人。结构性矛盾较为突出。云南的科技人才状况仅仅高于海南、青海、宁夏、新疆等省区。根据云南省科技厅所统计的数据显示，云南省从事高科技的技术型人才仅占专业人才总数的1.2%，在全国平均水平中整整低了2.6个百分点；而在统计科研专业人才中，只有20%的人才分布在企业，剩下的80%的人才则分布于云南省高校、科研院所以及事业单位。

四　科技成果转化慢，民族自治地方条块分割现象严重

云南民族自治地方缺乏科技资源共享机制，一些科研项目与社会经济发展缺乏联系。长期以来，由于教育、科技和经济社会之间存在体制和机制等方面的诸多牵绊，造成云南省民族自治地方的“产”“学”“研”条块分割现象较为严重。一是由于企业创新能力弱，缺乏核心技术以及自主知识产权，在市场竞争中备受遏制。二是高等院校科研机构有的科技成果脱离经济、生产实际，被束之高阁，导致资源的极大浪费，使科技潜力没有及时有效地转化成为现实生产力。三是缺乏足够的科研经费，也在一定程度上制约了科技成果的延伸和转化。

科技资源只有通过整合，建立健全科技资源的共享机制，才能充分发挥出科技资源价值的最大化。云南省民族自治地方由于科技孵化基地较少、人才资源匮乏等，科技的整合程度较低。近年来，尽管各个地方非常重视加强对科学技术创新平台的建设，在科技资源共享上也取得了一定的进度。但是，从整体上进行分析，科技资源共享的水平跟科技发展的需求不相匹配，不能互相满足。有些问题仍十分突出，主要表现在：一是利用科技资源的观念落后，共享意识较为淡薄，缺乏管理和协调。二是科技资源缺乏，并且浪费现象严重，科研设备更新缓慢，利用率较低。三是科技创新主体之间相互封闭的状况较为严重，不能成为全社会的共享。四是缺少有效与统一的平台窗口和标准及时对科技资源进行共享服务和信息汇总的发布。

五　对外的科技合作与交流不够

加强对外科技交流与合作、充分利用国内与国外科技资源是提升

云南省民族自治地方科技自主创新能力和水平的重要手段。云南省民族自治地方在科技发展的进程中，加强了城乡之间、区域之间、省与省之间以及同南亚、东南亚等相邻国家之间的科技交流与合作。拓展了公众的科技视野，使当地科学技术的发展取得了突破性的进展。然而，在对外科技交流与合作方面也存在一些问题，这些问题主要体现在：一是进行科技对外交流合作的开放意识不强，与沿海发达地区相比，受民族自治地方的自然条件和经济发展状况等因素的制约，我们的科技对外交流还存在着很大的差距，二是在与国际合作中的知识产权意识有待加强和提高。从近几年的合作和交流情况来看，很多寻求合作的企业和科研机构，缺乏知识产权意识，没有将获得自主知识产权的产品和技术作为合作和企业长远发展的首要目标。三是相应支持政策不足，政策体系远落后于现实需求，对高端人才来滇创业缺乏具有吸引力的人才引进政策和支持力度，削减了企业和研发机构开展合作的激情。四是科技合作的财政投入凸显不足。“十二五”以来，云南省科技合作的财政投入增长迅速，但财政投入总量与中东部科技交流开展较好的省市相比还是具有较大的差距，这一问题将成为扩大科技对外交流合作的严重制约因素。

总之，科技创新机制和体系不完善，科技创新主体不突出，科技投入不足，投入结构和质量不相协调，人才匮乏，全民科技素质整体水平不高，缺乏自主知识产权意识和核心品牌的树立，自主创新能力薄弱，科技成果转化率较低，科技引领和带动社会的力量薄弱等问题是导致云南民族自治地方经济社会发展相对滞后、社会文化转型缓慢等现象的主要方面。作为云南省经济社会持续快速发展的两大动力——“改革开放”和“科技发展”，在新的历史时期和发展机遇期，只能依靠自身的科技发展进步和推动，努力致力于提升各民族文化素质，大幅度地提高自主创新能力，为云南省民族自治地方经济社会实现持续、快速、安全、健康的发展提供充足的智力支持。只有这样，云南省才能提升市场竞争力，为发展赢得更多的机遇和空间，走上知识创新的新道路。因此，有必要对云南省民族自治地方科学技术发展创新进行研究。无论是对于促进云南省全面建成小康社会，推动云南省经济社会的平稳、健康、迅速的发展，还是对于实现云南省区域协调的可持续发展都有着重大的理论和实践意义。

第五节　云南省民族自治地方科学技术发展的对策建议

提升云南省民族自治地方科学技术的发展水平不仅有利于当地民族自治地方的自身建设与发展，而且有利于维护民族团结和边疆的稳定安全。科学技术在经济社会发展过程中占据着不可替代的位置，实现云南省跨越式发展的关键是科技，实现与全国同步小康，构建富强、民主、文明、和谐、美丽的云南也要依靠科技。要解决好现有经济发展过程中存在的不合理结构、产业层次偏低、经济增长方式粗放、资源消耗过高、环境污染严重等问题，还是要依靠科技发展的带动和支撑。因此，必须强调科学技术在云南省经济社会发展中的重要作用，坚定不移地依靠科技，将发展科技贯彻经济社会的全过程。在发展中真正发挥出科技进步创新在支撑云南省经济社会发展的决定性力量，为发展先进生产力提供永不枯竭的科技源泉，为传播和繁荣先进文化注入强大的科技动力，为最终科技成果共享、实现最广大人民的根本利益提供有力的科技保障。云南省民族自治地方科学技术的发展是一项涉及社会各个方面、各个层次的社会系统性工程，同时也需要社会各个方面的协同。因此，在这个决胜全面建成小康社会的关键期，必须全面贯彻落实党的十九大精神，将新发展理念贯穿经济社会发展的始终，紧紧抓住科技发展这个关键，促进科技与经济的紧密结合，努力开创云南省科技进步与创新的新局面。

一　加强和完善科技政策支撑体系

党的十一届三中全会后，我国实施了一系列针对民族自治地方经济社会发展的优惠扶持政策，出台了经济发达省份对口支援民族自治地方的政策。通过近40年的实践，这些帮助民族自治地方发展的政策使民族地区提升了自身的发展能力，成为民族自治地方发展公共事业，缩小发展间差距的重要动力与条件。中央高度重视边疆民族地区的经济社会发展，党的十八大以来，继续深化了西部大开发战略，不断增加少数民族财政扶贫专项资金，大力支持民族贫困地方的发展。我们认为，在新时代"历史交汇期"，在全面建成小康社会的关键时期，国家应对民族自治地方加大扶持力度，尤其是对科技发展的扶持迫在眉睫。如果说资金扶持是"输血工程"，那么科技扶持就是可以让少数民族自立自强的"造血工程"。云南省各级党委政府应尽快完善科技发展的政策支撑体系，形成强有力的政策导向和激励机制，鼓励知识技术的创新、产品开发政策，建立具有高知识密度的科技工业园区和高新技术开发区的政策，鼓励产、学、研一体化和淘汰落后的科学知识政策，完善知识型经济成果奖励制度。

在投资上，要加大科技改革的投资比重。政府做好引导，不断优化企业的投资结构。逐步体现出政府的引导角色，通过企业、社会、招商引资等多渠道投资体系，帮助企业将有限的资金用在刀刃上，尤其是吸引优质资金，用于科技改革，促使企业向高科技方向迈进。另外，要认识到企业科技研发投入的重要性。科技研发是企业不断发展的不竭动力，也是企业的核心竞争力。在资金的使用上，要将科技研发的费用作为重要的资金预算。同时，要引入相应的风险控制机制，明确各类企业科技活动和研发经费投入的基本标准，明确政府职能部门在企业科技研发中的功能。

法律上，要完善科技发展的相关法律法规，确保科技发展的顺利推进。民族自治地方在自治条例的修订和出台时，应经科技发展作为重要的内容。在知识产权的保护方面，不但要出台保护知识产权的法律法规，还要进一步完善知识产权的鼓励措施。知识是科技发展的重要载体，知识也是新技术的母体，在知识的生产、传播与应用上，应加大支持，使新知识不断应用于实践。因此，要协调各方面的力量，完善科技发展的相关法律法规，促进云南经济社会向前发展。

科技体制改革上，要处理好科技进步与经济社会发展之间的关系。逐步增强全社会的科技意识，更新科技观念，坚持科技体制创新。体制创新坚持以转变政府职能为重心，并逐步向市场靠拢，建立与市场经济相适应的科技宏观管理体制。同时使全社会科技资源得到集成和高效的配置。提高科技创新能力，实现科技和经济社会之间的相互协调发展。另外，对于存在空白的法律依据和授权、没有建立相应规章制度的科技行政管理，也要尽快争取把科技管理行政行为全面纳入法律轨道，尽快启动立法和制度建设。深化科技体制改革，需要以体制创新推动科技创新，继续推动企业成为技术创新的主体，提高云南省的整体企业技术创新能力。要继续推进以应用型科研机构实行企业化管制为重点的科技体制改革，进一步重视和加快民营科技企业的发展，将促进民营科技企业的成长作为调整云南省民族自治地方所有制结构的重点，加大扶持力度。

总之，在认真贯彻落实党的方针政策的基础上，加强和完善科技发展政策支撑体系。根据国家西部大开发战略、“兴边富民行动”、“科技兴滇”等项目，重点扶持发展各种促进边疆少数民族地区的政策指导。充分借助政府政策的体系支撑，壮大云南民族自治地方的科技发展，推动云南民族自治地方经济社会的整体发展。

二 着力实现科技的创新和跨越式发展

科技创新和科技发展的内在要求，科技的跨越发展是科技飞速发展的重要内容。因此，要大力推进科技自主创新能力建设，并从全民科学素质、科技成果转化、加强知识产权等方面，着力提高科技的核心竞争力。云南省民族自治地方科学技术的发展，应努力实现科学技术的创新和跨越式发展，充分利用国内和国外两种创新资源，大力改进原始创新形成新的创新项目，引进消化吸收后进行再创新，支持基础性研究、最新前沿性技术研究、社会公益性技术研究，鼓励各领域科学技术之间的交叉和融合，努力实现基础研究和应用研究的均衡性发展，集中力量寻找制约经济社会发展的关键技术的突破口，在若干重要领域里掌握一批核心技术，拥有一批自主知识产权，推动优势特色产业从最初的规模优势向现在的技术优势转变，抢占未来发展契机。重视在安全与健康、防灾减灾、环境保护、食品安全等重点领域的科技研发，着力促进创新性云南的建设。始终坚持以提高企业的自主创新能力为核心，充分认识到只有依靠科技上的自主创新，才能掌握核心技术和自主知识产权，在竞争中赢得更多的主动权，大幅度提高科技对经济增长的贡献率，从而提高经济发展的质量和效率，促进经济发展方式的转变。

积极开展产业技术创新行动，探索新的公共资源管理方式和组织模式，借助创新载体，建立云南省级重点实验室、高新技术研发中心、科研院所、创新服务中心、大中专院校等具有自主研发能力的技术创新组织，对科技资源进行有机整合，打造科技发展的重要孵化基地和合作发展平台，真正发挥平台在促进科技进步和增强创新能力上的重要作用。同时，要为科技的创新提供有力的技术支撑，将高新技术的优势和力量充分发挥出来。强化科技创新的基础性作用，要搭建各类有助于提高创新水平和能力的平台，争取和创造更多的科技创新的条件。引领和带动云南省民族自治地方的科技创新活动，并始终坚持创新驱动，为最终实现跨越式发展提供科技支撑。同时，要实现科技跨越式发展，推进对外科技的合作计划，实行“走出去”战略，积极拓展省内外、国内外等国家和地区的科技合作渠道，加大科技的招商引资。以创新的精神和开放合作的理念来代替传统的旧的观念，创造有利于科技发展的软环境。

三　牢固树立企业主体地位，增强自主创新能力

企业作为市场的主体，在长期的发展过程中，不断积累丰富的市场经验应对来自市场的挑战。从某种程度上说，企业因市场的需求而存在，而市场的需求也为企业科技成果的转化提供了基础条件。市场的需求不仅仅是数量和质量的要求，还有对新产品的渴望、新技术在产品中的应用等，这无疑促使企业加大对新技术的使用，加大对新科

技的创新。因此，企业的科技创新与市场具有不可分割的关系。优秀的企业总是以市场作为导向，真正确立企业自主创新的主体地位。而企业在市场中的主体地位重点体现在科学技术研发的投入、研发的产出和科学技术的需求上。企业只有紧紧抓住市场的需求，紧紧围绕消费者的需要，以科技创新为动力源，提高市场竞争力、占有率和实现科技成果转化，从而提高企业在市场的地位。云南省民族自治地方的企业需要更新观念，发挥市场主体作用，抓住自主创新这个龙头，增加企业的科技含金量，推动企业的快速发展。

云南省民族自治地方的企业要努力形成以市场为导向、企业为主体以及产、学、研相贯穿的技术创新体系。不断强化企业在技术创新中的主体地位，重点支持优势产业的大企业，鼓励其不断提高自主创新能力，同时促进中小科技企业的创新活动。形成自主创新的良好氛围，为其提供有利的发展环境。强化政府扶持引导的作用，促进资金、人才、技术等创新资源向着企业聚集，落实人才队伍建设及管理、加强对外合作、完善基础平台建设、建立科技评价和奖励措施和办法。推进产、学、研相结合，使产业在核心竞争力上得到提升。注重企业在建设产业技术创新平台中的主体作用，鼓励云烟、特色金属、化工产品、生物、中医药等优势产业建立交流式技术中心，搭建技术创新和成果产业化服务平台，加深科技成果共享程度。注重引导中小企业，利用好现有产业技术创新成果和公共科技服务平台开展技术创新。推动以资本为纽带的产学研联合，不断提升主要产品的技术含量和市场占有率。从而实现云南省民族自治地方科技发展的多元化与良性循环，保证经济社会的稳步增长。

云南省民族自治地方的高原农业具有较强的独特性，要加大科技投入，促进农业企业的发展和成长。要进一步完善和更新农业在经营上的模式，提升农业本身所具有的经济价值。将农业和企业相结合，使农业的发展更加适应市场经济的要求，适应时代的要求。将农业体系规模化、集约化和商品化，走生态化、产业化道路。大力发展以科技支撑的云南高原特色农业，实施打造重点领域、突出重点工作。优化农业科技资源配置，云南具有特殊的地理位置，复杂的地形，这就决定了云南农作物品种的多样化和特殊化。同时，这样的条件也决定着产业发展层次比较多样。这就要求必须大力加强科技创新和成果转化，大幅度提升科技对高原特色农业发展的支撑和引领。要围绕科技支撑重点打造特色农业发展，重点领域包括稻作、麦类、玉米、豆类、杂粮等粮食作物的物种创新，培育优质、高产、无公害的新品种。打造特色经作项目，如蔬菜、马铃薯、花卉、咖啡、食用菌等，这些产品科技含量高、产品竞争力强、市场需求量大，而且需要特殊资源条件和气候条件。云南的地理优势、气候优势、技术资源优势等为这些特殊经作项目提供了较好的条件。要提高农产品的深加工水平，重点开展粮油麻、果蔬菌、乳制品、林产品等大宗农产品的深加工技术研究，创造出一批有较高市场占有率的核心产品，形成一些龙头企业和一批科技创新基地，以此来增强云南省民族自治地方农产品的市场竞争力，使企业产业结构达到不断优化，全面提升云南民族自治地方的企业产业的发展。

四　加强特色产业的发展，研发自主品牌

牢牢把握住边疆民族地区的特色和优势，成分利用好发展特色的条件。围绕生物能源、云花、云药、有色金属开采、新材料的研发等产业，加强特色产业的研发和科技的投入，主动设计和组织实施，突出民族自治地方经济社会发展完善的自主权。在改革传统技术产业等方面实现新的突破，运用好高新技术，为民族自治地方的发展提供服务。

随着科技的不断发展，国家和地区间的竞争日趋激烈。发展民族自治地方的特色产业有助于实现边疆民族自治地方的平稳发展和国家的和谐稳定，是促进经济增长的要素。在新时期下，从我国科技、经济发展的宏观形势分析，应充分意识到科学技术在产业发展中所体现出的重要作用，结合当地实际，探索出所能开发的优势特色产业，提出能够促进民族自治地方经济、社会发展的可行性意见和措施，不断

将科技的认识提高，明确当下的任务、拓宽思路，提升民族自治地方科学技术发展水平，这对加快边疆民族自治地方经济社会发展具有十分重要的作用。达到进一步推动民族自治地方产业资源的有效配置和凸显科技优势，加快产业结构和经济结构的优化调整，增强特色产业的技术创新能力和国际市场占有率，真正推进民族自治地方经济发展和国家经济发展的目的。结合对当地实践条件的分析，运用理论叙述与实践归纳相结合的方法，对科技促进民族自治地方特色产业发展的问题进行了研究。

运用好民族自治地方发展特色产业的内部条件，开发利用好荒山荒地，宽阔的人均土地面积；良好的生态环境，较高的森林覆盖率；发展第一、二、三产业的良好增加值所奠定的经济基础；已经知名的特色产业奠定的产业基础。还要结合好外部环境，拓展贸易领域，随着市场环境做出结构和增长方式的调整；注重区域的交流与协调发展；抓住国家实施的西部大开发战略和“桥头堡”战略、“科教兴滇”等一系列的重要机遇期和有利的政策环境；临近南亚、东南亚等国际市场的有利条件。

科学技术在促进边疆民族自治地方特色产业的壮大发展，产业结构的优化升级，以及自主创新能力的提高等方面发挥了巨大的推动作用。科技在带动特色产业发展的同时也推动了当地整个社会的发展。加快科技进步的发展速度，促进特色产业的发展壮大。利用科技加快特色产业壮大的途径，主要有充分利用资源禀赋、引进高新技术，促进产业升级和优化产业结构、增强科技创新，突出特色、以科技为依靠，注重人才培养，加速转化科技成果。通过内部的自主创新，来提升企业的内部力量。明确发展重点，调整产业政策。对有资源优势、产业基础、市场潜力和技术保障的产业门类，进行重点扶持，在品牌建设上，支持申请注册商标，并向出口国家和地区申请国际商标的注册，积极参与云南省著名商标，乃至中国驰名商标的争创。鼓励和引导规模经营和集约经营的经营模式；优化产业布局，建造特色产业群，形成规模效益，打造特色产业带，在特定区域内实施整体发展和规划。

发展特色产业，同样也要坚持“引进来”“走出去”相结合，利用好国内外两种资源、两个市场，促进优势产品和自主品牌的出口，不断提升民族自治地方科技发展水平，全面加快推进云南省现代产业的发展。

五　提高全民科学素质

在新时代要实现云南的跨越式发展，关键在科技，基础在教育，核心在人才。科技是经济社会发展的核心动力，教育是科技的重要支撑，没有一流的教育，无法培养一流的人才。因此，要实现云南省科学技术的进步与发展，提高云南省民族自治地方科技发展水平，必须更进一步解放思想，紧紧围绕科技、教育和人才来做好文章。我们知道，发展科学技术依赖于国民素质的不断提高，如果没有国民科技文化素质的支撑，那么发展经济社会将成为一句空话。而科技素质的提高，其体现之一就是不断提高教育水平。云南省应加大对民族自治地方高校的办学投资力度，适当扩大规模和水平，充分利用教育资源，提高云南省人力资源的总体实力和整体素质。可以在云南各个地区大力开展多层次在职培训，不断提高劳动者的知识素养和职业技能，可以建立方便快捷的培训教育网络，实现培训资源的有机整合。通过多种手段，充分激发现有人才的潜力。纵观全世界，越是发达的国家和地区，人才越是会受到空前的重视，那么当地的发展程度也就越高。在国际市场中，技术熟练的劳动力也最受欢迎、最为抢手，同时受过高等教育的人的失业率也要远远低于教育程度低的人的平均失业率。人才资源对企业的发展具有决定性的作用，是为企业储备后备力量。因此，云南省各民族自治地方应充分发挥和挖掘知识素质较高的人才知识潜力，创造条件发挥他们的专长，为云南省的经济社会发展提供智力保障和支持。而人才的培养和使用，是一个系统的工程。有关人才的培养、使用以及优秀人才的引进，都要有与之相对应的切实措施，要有科学的体制和机制做支撑，要有相应的物力和财力的投入。

根据时代的要求，要不断地完善公众科学素质的教育内容，突出解决在能源的节约上、生态环境的保护上、安全健康的保障上等重点问题。完善科普基础设施为主的建设，并加强对其管理，保证其利用率。与公益性科普事业相辅相成，构成多样化的科普事业投入机制，建立发展机制、保障机制，使科研和科普相结合，使科普投入和产业发展相结合。允许和鼓励经营性科普文化产业存在和发展。有关科学素质工作的组织机构有待继续完善，科技的传播和推广，需要全社会共同的力量，广泛动员社会各界人士参与进来，充分保证科普活动的公平性与参与的积极性。

结合云南省民族自治地方的实际，面向云南科技跨越式发展目标，将培养学术带头人和技术创新人才当作重点。尤其是培养以中青年为重点的技术带头人，把大量的高学历中青年当作后备人才，扩大人才招聘，广纳贤才，增加人才的储备。同时，创造良好的用人机制，使这些人才成长为云南省优势学科和重点行业中的学术研究和技术开发带头人。同时也要注重大力培养和选拔以企业人才为主的技术创新型人才，为提高云南省民族自治地方科技创新能力和科技产业化水平提供骨干力量。可以树立科技素质模范，选出各地的先进科技带头人，并对其先进事迹和科技贡献进行宣传和教育。可依靠先进人物的说服力、示范力和感染力以及引导力，对公众进行科技教育。同时要注意宣传教育的形式和手段，善于运用新媒体等宣传工具进行宣传，营造崇尚科技的良好氛围。要积极采取多种社会宣传形式，扩大其影响力，在塑造先进人物时注重运用艺术手段和生动感人的形象刻画，才能更易引起公众的共鸣，达到预期效果。

创新型人才队伍建设是云南跨越发展的重要保障。培养和造就一支优秀的人才队伍，有助于实现云南省民族自治地方科技进步和技术创新的跨越式发展。实践证明，人才的竞争是科技实力竞争的关键。要树立建立创新型人才战略的思想，就要牢固树立“以人为本”的执政理念，以更加开放的视角来培养、选拔、管理和使用人才。要加大对科技创新人才，特别是高层次人才的培养、引进、使用和交流力度，着力培养云南省民族自治地方的科技创新核心人才和创新团队建设，大力培养面向产业发展和市场急需的技术创新和技能应用型人才。形成拥有一定数量和具备科技创新综合素质的科技人才队伍。要完善农业科技信息传播、培训网络体系、新型农技推广服务网络。指派科技人员直接到户，示范和推广农业科技新成果，指导农民种植和创业。加强农民教育培训，陪养一批新型农民，可以开展划区域分层次的多种培训，提升培训的实效性。同时，在云南省民族自治地方科技发展和研究的实践中，积极发现人才、培养人才，引进创新型人，使人才的作用发挥充分，将高科技人才队伍建设和技术创新人才培养同时纳入科技发展规划，为促进人才的本土化和专业化，为实现云南省科技跨越式发展提供了更加坚实的人才支撑。

六　建立科技成果转化和科研支撑体系

科技成果转化和科研支撑体系的建设，对科技发展具有重要的奠基作用。云南省要发展壮大省内支柱产业、振兴重点产业和培育新兴产业，必须营造有利于自主创新的成果产业化的市场环境，利用经济之手来调节科技资源共享，促进成果产业化，逐步实现技术转移。要调动资源，开辟一条快捷通道，使创新成果向着技术标准转换。尤其是要实施具有全局性带动性和前瞻性的重大专项科技项目，在这些重大项目的带动下，造就一批具有国际科技竞争力、具有核心知识产权和高附加值的企业，形成国际著名品牌，使云南省的产业综合竞争力得到全面提升。另外，还应充分发挥各类科技和产业园区在促进科技成果向现实生产力转化中的载体作用，落实鼓励自主创新和实现成果产业化的扶持政策，实现产业的升级和聚集式发展。加大自主创新成果产业化融资的力度，强化政府的引导作用，加快发展创业风险投资的比重，促进经济的增长，为科技的发展提供金融支持。

科技支撑体系的建设，除了政府的引导和支持外，必须统筹好地方的资源，建立科技协同平台。例如，重点解决各类高等学校的发展与经济社会要求所出现的脱节现象。将高校融入地方经济社会发展战略的贡献率作为衡量学校质量的重要标准。政府可以发挥引导作用，对于促进地方经济社会发展，主动融入国家发展战略的高校，可以通过财政拨款和专项资金扶持等方式，鼓励高校在地方经济社会发展中发挥作用。同时，积极开展高校与企业、高校与科研机构、科研机构与企业之间的合作交流，鼓励多出能彰显出学校优势和特色的科技成果，打造出“产学研”相结合的全新创新实践型人才的培养模式，积极促成科技资源共享观念的形成，使高校成为推动和引导国家和当地创新体系的源头和提供人才支撑的平台，带动自主创新的向前发展。

七　探索科技合作与交流新模式

云南省的地缘特点决定了必须不断扩大开放，加强对外的交流与合作，寻找创新发展新模式。云南省将建立面向东南亚、南亚辐射中心，要通过引进高层次技术人才、先进科学技术、资金、基础设备等，聚合所有能促进经济社会发展的资源，为云南乃至全国的经济社会发展提供支持。同时，还要面向全国的优秀企业和高水平的科研院所，不断加强交流和合作，提高云南省科技创新水平。利用多种渠道获取科技创新资源，以此来增强本省的各类企业和科研机构的技术创新能力，增强市场竞争的能力。努力搭建交流合作平台，为全省相关科技人员提供更多的学习、交流和合作机会。

扩大对内、对外的科技交流与合作，可以为云南省民族自治地方的科技发展带来更多的机遇。在建立国际化过程中，要加强吸引外资、吸收先进技术和管理经验，加强经济和科技的合作。目前，随着经济社会的发展和开放程度的不断加深，南亚、东南亚地区已经成为经济增长较快和最具有活力的地区，在科技方面的合作正在逐步成为云南与南亚等国家合作的重点，尤其是农业科技的交流与合作已经取得了许多成功的经验。在以后的发展中，云南要进一步争取国家对外开放政策的支持，逐步提高开放水平，拓展云南省的农业发展空间。首先，加大产业企业的“引进来”力度，利用云南省具有竞争力的产业和特色产品吸引外资投资云南。同时也要引进来一批高水平、适用性强、市场前景良好的技术成果。健全人才引进、激励机制，制定吸引国外优秀人才进滇的相关政策，采取合理的激励手段和分配制度，使人才可以高效地为云南省民族自治地方的科技兴滇服务。其次调整战略，积极鼓励支柱特色产业企业实施“走出去”战略，引导云南省民族自治地方开展各具特色的国际合作。各地方围绕地方支柱产业，可以根据各地的实际情况，集中力量开展某一方面的国际科技合作，提高各地在国际合作中的竞争力。积极鼓励有实力的农业企业出国兴办企业、建立农业科技成果转化示范区。同时要对以自主知识产权为主的生产企业实行保护，以维持其竞争优势，实现双方的共赢。

第四章

云南省民族自治地方社会保障事业发展研究

现代社会，社会保障主要由社会保险、社会救济、社会福利、优抚安置等组成。其中，社会保险是社会保障的核心。全球的社会保障模式，大致可分为以英国为代表的国家福利、以苏联为代表的国家保险、以德国为代表的社会共济和以新加坡为代表积累储蓄四种。目前我国的社会保障制度，属于社会共济模式，即由国家、单位（集体）、个人三方共同出资为社会保障筹资。

关于云南省和民族地区的社会保障，不同的学者从不同角度做过研究。20 世纪 90 年代，乔亨瑞做过云南省的农村社会保障的研究，提出贫困问题、民族问题和人口问题是云南省社会保障面临的三大问题。张文小研究了民族地区的社会保障问题，认为建立和健全民族地区社会保障制度是一项极为艰巨的工作，单靠民族地区自己的力量是不可能建立起社会保障网络的，需要通过社会保障立法才能建立起覆盖全社会的社会保障网络。张文山对民族地区社会保障的研究提出，民族地区社会保障需“与民族地区的社会经济发展相适应，同时体现国家对民族地区所承担的责任”建立“城市社区一体化社会保障模式”和“农（牧）村社区多元化社会保障模式”。从 20 世纪学者对云南或少数民族地区的社会保障研究来看，他们都认为民族地区的社会保障制度必须考虑民族地区的特殊性，由国家主导，建立符合本民族的社会保障体系，而云南省特殊的人文地理决定了谈云南的社会保障必然也不能回避民族地区的问题。社会保障是现代工业文明的产物，具有促进社会经济发展，维护百姓切身利益，维护社会安全等多重作用。完善的社会保障体系是现代国家社会经济发展的内在需要，也是社会稳定的重要保障。2004 年以后，国家制定了一系列建立和完善我国社会保障体系的法律法规和政策，为民族自治地方的完善社会保障体系奠定了扎实的基础。通过十多年的建设完善，我们有必要认真审视民族地区社会保障体系的现状，查找存在的突出问题，制定出符合民族地区发展现状的政策。我国是一个多民族的国家，而云南是全国少数民族最多、民族自治地方最多的省份，研究云南省民族自治地方的社会保障制度，对整个国家的少数民族地区社会保障体系的建设都有积极的作用。

第一节　云南省民族自治地方社会保障制度的发展历程及现状

社会保障是国民收入再分配的一种形式。国家通过立法的手段，动员各方面社会资源，为生活在困境中的公民，如遭受各种意外灾害、无劳动能力、无收入或低收入的公民等，以维持生存的基本需要。同时，保障劳动者在年老、失业、患病、工伤、生育等无法正常劳动时的基本生活不受影响，并根据社会经济发展状况，逐步增进公共福利水平，提高公民生活水平。社会保障制度是应随着工业革命的发展需要而诞生的。19 世纪 80 年代，德国制定并颁布了《疾病保险法》《意外伤害保险法》《残废和老年保险法》，标志着社会保障制度的诞生。社会保障制度自诞生之初就是为了解决城市中弱势者的生存问题。在我国也是一样，我国社会保障制度的建立和完善，始终是围绕城镇的发展需要而进行的。而云南省独特的民族特征决定了云南民族自治地方的社会保障制度也具有其都特性。云南省是“全国世居民族最多、特有民族最多、跨境民族最多、民族自治地方最多、实行民族区域自治的民族最多的省份”。这决定了民族自治地方，须在遵循国家法律、法规的前提下，制定符合各地各民族人民实际需要、符合民族文化习惯的社会保障制度。

一 民族自治地方传统的互助式社会保障方式

云南省各少数民族在长期的社会历史发展过程中，结成的独特的家庭和邻里文化，为生活在其中的人们在养老、助困等方面提供了扎实可靠的保障。云南省少数民族传统的社会保障通过家庭、宗族、社区以及本民族特有的社会组织来实现对人的基本生活保障。[①] 家庭保障，按其所在的社会形态不同又可分为父系家庭保障、母系家庭保障和双系家庭保障。

在一夫一妻的父系小家庭中，主要由儿子（无儿子的则招上门女婿）承担老人的赡养义务。只有在老人丧失劳动能力后，儿子才需履行其赡养义务。如儿子和老人共同吃饭，儿子通常不给老人钱财，儿子不和老人同吃，则补贴老人一部分粮食、金钱等；在父系大家庭中，独龙族的“火塘”堪称代表。同一父母所生的兄弟及其妻儿同住在一栋房子，每个兄弟和其妻儿组成的小家庭都拥有一个属于自己的火塘。生产时同一栋房子里的火塘同耕一块土地，收获时各火塘平均分配。日常饮食是由各火塘轮流做饭，做饭使用自家分的食物，如某一火塘的食物使用完，则可以不再承担做饭的任务，但依然可以到其他火塘吃饭。母系家庭中，母亲及其姐妹、兄弟共同抚养母亲及其所生子女，所有子女共同赡养母亲、外婆、姨妈、舅舅。在双系家庭中，大家庭由家长及其三代或四代后裔组成，家庭中的子女分别有自己的小家庭。家长统一掌管大家庭的公共财产包括长屋、土地等，家庭成员可以共同享用。大家庭分家时，凡共居长屋的子女均得到一份土地和房屋等其他动产和不动产，其中承担父母赡养责任的子女，在老人去世后可继承父母的房子。

宗族保障是在血缘的基础，结成的直系、旁系和姻亲关系的亲戚之间的互助形式。各民族的宗族保障的具体方式有所不同，但都表现

---

① 唐新民：《民族地区农村社会保障研究》，人民出版社 2008 年版。

为家族成员的互帮互助。如建房，家族中任一家庭建房都会被视为全家族的事，往往整个家族的成员都会来帮忙；婚丧则是两个家族的共举之事；孤儿则由近亲抚养等。此外，换工也是常见的互助形式，即农忙时节家族成员按照一定的规则相互交换劳动力。

社区保障的形式和内容与家族保障相似，只是互助关系的结成以居住地为基础。在很多少数民族地区还保留有其特有的保障形式，如未婚青年组织、生产协助组织和经济互助组织等。未婚青年组织如在社会公益事业、宗教活动、生产活动等社区重大活动中发挥着重要的作用。如德宏州傣族未婚青年组织就是以村寨为单位建立的，15 岁以上未婚青年都可参加，该组织在社会公益事务上发挥了重要作用。在该地区，各村寨分一定数量的公田给组织，让青年们共同耕种，产品收入作为组织经费，用于照顾孤寡老人。生产协助组织是一种制度化的换工组织。如大理凤仪镇的“栽秧会”，每年到栽秧的季节，邻里们就会自发组织起来，以换工方式进行集体栽种，以实现提高栽种效率的目的。“賨”组织表现为互助基金的形式。“賨”中的轮流做东，请其他成员聚餐、娱乐等。这种互助形式在纳西族中比较常见。

传统的社会保障是以血缘或地缘关系结成、围绕着土地及其收成的分配而实施的，主要表现在对自然灾害的“救济”和家庭养老保障两个方面。这些各民族地区特有的保障形式，经过时间的洗礼，已经成为了各地的风俗习惯、道德规范，主要依靠伦理、家规、乡规民约等来约束人们的行为，具有一定强制作用。但是随着社会主义市场经济的发展，人的流动性越来越大，青壮年劳动力大量外流，使得原本以青壮年劳动所得扶助老弱者的模式被打破，留守老人和留守儿童成为农村的“主力军”，传统的以村民互助为主的保障模式作用已经被大大削弱，甚至已经不能发挥其作用。现代社会中，民族地区的社会保障必须依靠政府主导的，法制化、制度化的社会保障体系来实现。

二　民族自治地方社会保障制度的变迁

云南省少数民族人口大概占全省总人口的 1/3 左右，其中绝大部分是农村人口，且多居住在边境山区等基础设施薄弱、交通不发达、思想观念保守、生产方式落后地区。因此，讨论民族自治地方的社会保障，重心在农村。细数云南省民族自治地方社会保障体系的建立和发展的脉络，实际上和整个国家社会保障的发展是一致的。新中国成立之初，民族自治地方的居民主要依靠合作社和人民公社的集体保障。建立了“五保户”制度，对无收入的老人、残疾人、孤儿等给予生活上的照顾，做到“保吃、保穿、保住、保医、保葬”。医疗方面主要实行合作社“保健站”与“赤脚医生”相结合的医疗保健制度。社会救助上，主要是对遇到自然灾害的群众给予临时性的救济。但是这些制度在“文化大革命”期间受到了极大的迫害。虽然“文化大革命”期间，云南省政府提出，民族地区应遵循民族地区群众的风俗习惯，不能“一刀切”，但是依然没能抵御人民公社运动的风潮，民族地区大量的敬老院等类似机构被撤销，导致很多无能老人、残疾人、孤儿等实际上失去生活依靠。这种状况一直持续到20世纪末。

1991年，国务院决定选择一批有条件的地区开展县级农村社会养老保险制度的试点，由此确立了农村养老保险制度的基本原则。1993年党的十四届三中全会通过的《中共中央关于建设社会主义市场经济体制若干问题的决定》指出，社会保障体系包括社会保险、社会救济、社会福利、优抚安置和社会互助、个人储蓄积累保障。其中社会保险是我国社会保障体系的核心，主要包括养老保险、医疗保险、工伤保险、失业保险和生育保险五大部分。1994年国务院召开第十次全国民政会提出，到20世纪末“在农村初步建立与经济发展水平相适应的、层次不同、标准有别的社会保障制度”，并出台了《关于在全国建立最低生活保障制度的通知》，要求各地制定本地区农村最低生活保障制度。2002年中共中央第十六届中央委员会第十六次会议审议通过了《中共中央关于构建社会主义和谐社会若干重大问题的决定》，决定指出，目前，我国社会总体上是和谐的。但是，也存在不少影响社会和谐的矛盾和问题，主要是：城乡、区域、经济社会发展很不平衡，人口资源环境压力加大；就业、社会保障、收入分配、教育、医疗、住房、安全生产、社会治安等方面关系群众切身利益的问题比较突出。会议提出，到2020年，构建社会主义和谐社会的目标和主要任务是之一就是覆盖城乡居民的社会保障体系基本建立。2003年1月，卫生部、财政部、农业部下发了《关于建立新型农村合作医疗制度的意见》，要求从2003年起，各省、自治区、直辖市至少要选择2—3个县（市）先行试点，取得经验后逐步推开。到2010年，实现在全国建立基本覆盖农村居民的新型农村合作医疗制度的目标，减轻因疾病带来的经济负担，提高农民健康水平。2009年下半年，国务院决定开展新型农村社会养老保险试点，2011年国务院决定在全国所有县级行政区全面开展新型农村社会养老保险和城镇居民社会养老保险工作。在这些纲领性文件的指导下，云南省各自治地方根据自身特殊的人文地理状况，在社会保障制度的建立与探索方面开启了一次全新的里程。

三　民族自治地方社会保障现状

云南省除8个民族自治州外，29个民族自治县遍布全省。因此，民族自治地方的社会保障对全省乃至全国都具有特殊的意义。近几年，云南省加快了民族地区社会保障制度的发展步伐，实施了少数民族地区的社会保障工程，各自治地方也陆续根据自身情况制定了相应的政策法规。

根据民族自治地方绝大部分人口分布在农村山区、边境线的特点，云南省把民族自治地方社会保障的重点集中在农村养老、医疗以及最低生活保障三个方面。2011年7月，云南省在《云南省加快少数民族和民族地区经济社会发展“十二五”规划》中指出，在民族地区建立完善的社会保障对民族地区的社会、经济发展、民族团结都有重要意义。《规划》提出要建设社会保障工程。内容有新型农村养老保险补助、农村居民最低生活保障、新型农村合作医疗补助和救助。《规划》对民族地区农村社会保障体系的建设做出了详细的要求：一是新型农村养老保险补助方面：由省人力资源与社会保障厅牵头，省财政厅参与。要求在推进新农村养老保险试点过程中，优先覆盖少数民族地区，对60岁以上的165万农村人口实施农村基本养老金补助，每人每月发放55元。预计五年将投入资金54.45亿元。二是农村居民最低生活保障方面：由省民政厅牵头，省财政厅参与。将少数民族地区符合贫困条件的人口逐步纳入到农村最低生活保障范围，做到应保尽保。预计五年将投入资金102亿元。三是新型农村合作医疗补助和救助方面：由省卫生厅、省民政厅牵头，省财政厅参与。对少数民族地区农村人口进行新农合医疗补助和救助。预计五年将投入资金186.7亿元。其中：将少数民族地区农村人口全部纳入新农合医疗补助范围，每人每年发放200元，按照2010年少数民族地区实际参保人数1737万人测算，预计投入173.7亿元。对少数民族地区农村低保和"五保"户参加新农合给予资助；对符合条件的困难人员，救助住院和门诊费，预计投入13亿元。整个《规划》预计投入343.15亿元。

近年来，云南省，特别是民族自治地方，社会保障覆盖面逐年扩大，社会保险参保人数逐年增加，城乡各项社会保险缴费人数和金额都呈上升趋势。[①] 2009年末，全省参加城镇企业职工基本养老保险人数比上年末增加12.82万人，总人数为306.54万人，其中：城镇职工参保216.32万人，离退休人员参保90.23万人。87.34万名企业离退休参保人员按时足额领到养老金，年末企业离退休参保人员基本养老保险人均待遇为1151元/月。企业退休人员享受社区管理服务率达64.50%。全年收缴基本养老保险费比上年增加26.53亿元，总收入为124.61亿元；基本养老金支出124.54亿元。城镇职工基本医疗保险疗保险人数比上年末增加40.60万人，增长11.37%，总人数为397.42万人，其中：职工参保279.12万人，比上年年末增加25.94万人，退休人员参保118.30万人，比上年末增加14.66万人；农民工参保人数20.50万人。全年职工基本医疗保险基金收入增长24.04%，总收入86.56亿元，其中：保险费征缴收入76.09亿元；基金支出增长30.26%，实际支出67.44亿元。全省各州市实现城镇居民基本医疗保

① 本章节数据来源于政府网站"国民经济和社会发展公报"。

险制度的全覆盖。年末参加城镇居民基本医疗保险人数比上年末增加103.65万人，总人数为365.03万人，其中：成年人174.20万人；大学生34.75万人；中小学生儿童156.08万人。全年城镇居民基本医疗保险个人缴费和财政补助资金收入5.75亿元，其中：0.99亿元为参保个人实际缴费；3.72亿元为医疗费用统筹资金支出。年末全省参加农村社会养老保险人数为156.32万人，其中18.91万人为被征地农民社会保障的人数。全年领取农村社会养老金人数9.63万人。农村社会养老保险资金收入10.51亿元，其中9.98亿元为被征地农民社会养老保障资金收入；资金支出1.49亿元，其中1.30亿元为被征地农民社会养老保障资金支出。全省参加失业保险的人数比上年末增加3.00万人，总人数为198.60万人，其中：农民工参保人数10.85万人。年末领取失业保险金人数比上年末减少0.22万人，总人数为3.48万人。全年失业保险基金收入比上年减少26.79%，实际收入为8.50亿元，其中：失业保险费征缴收入比上年减少32.45%，实际收入为7.64亿元；基金支出比上年增加113.38%，实际支出5.42亿元。全省参加工伤保险人数比上年末增加12.66万人，总人数为215.13万人，其中：农民工参保人数比上年末增加12.98万人，总人数为58.18万人。享受工伤保险待遇人数1.98万人。工伤保险基金收入比上年增加74.35%，总收入为6.05亿元，其中工伤保险费征缴收入3.85亿元；基金支出比上年增加39.72%，共支出3.06亿元。全省参加城镇职工生育保险人数比上年末增加12.75万人，共181.13万人。享受生育保险待遇人次数2.83万人次。全年生育保险基金收入比上年增加14.28%，实际收入2.72亿元，其中：生育保险费征缴收入2.66亿元；基金支出比上年增加12.59%，共支出1.43亿元。

2011年7月在全省97个试点县（市、区）启动城乡居民社会养老保险试点工作，其他各项社会保险覆盖面稳步扩大。2011年末参加城镇企业职工基本养老保险人数比上年末增加25.40万人，总人数为342.82万人，其中：参保职工238.66万人；离退休人员104.16万人。101.20万名企业参保离退休人员足额按时领到养老金，年末企业参保离退休人员基本养老保险人均待遇 1451 元/月。企业退休人员享受社区管理服务率达到 71.50%。全年当期收缴基本养老保险费比上年增加 73.31 亿元，总额为 218.09 亿元；基本养老金支出 160.67 亿元。全省参加农村社会养老保险总人数比上年末增加 654.69 万人，已达 1339.31 万人，其中：参加新型农村社会养老保险人数 1295.80 万人，参加被征地农民社会保障人数 43.51 万人。全年领取农村社会养老金人数 262.20 万人。农村社会养老保险资金收入 47.10 亿元，其中，19.60 亿元为被征地农民社会养老保障资金收入；资金支出 16.19 亿元，其中 3.37 亿元为被征地农民社会养老保障资金支出。参加城镇居民社会养老保险人数 29.93 万人。年末全省城镇基本医疗保险参保总人数达到 865.80 万人。其中：443.36 万人参加职工基本医疗保险，比上年末增加 28.59 万人；参保职工上年末增加 20.35 万人，人数为 313.69 万人；参保退休人员比上年增加 4.79 万人，总人数为 126.22 万人；农民工参保人数 19.55 万人。全年职工基本医疗保险基金收入增长 3.88%，实际收入 102.03 亿元，其中：保险费征缴收入 100.42 亿元；基金支出增长 4.66%，实际数额为 91.66 亿元。参加城镇居民基本医疗保险人数比上年末增加 16.73 万人，总人数为 422.44 万人，其中：成年人 208.44 万人；大学生 38.34 万人；中小学生儿童 175.66 万人。全年城镇居民基本医疗保险个人缴费和财政补助资金收入 10.49 亿元，其中：参保实际缴费 1.21 亿元；各级财政补助 9.28 亿元；医疗保险基金支出 9.59 亿元。全省参加失业保险人数比上年末增加 7.14 万人，总人数为 216.75 万人，其中：农民工参保人数 18.45 万人。年末领取失业保险金人数比上年末增加 0.06 万人，总人数为 3.27 万人。全年失业保险基金收入比上年增加 98.77%，实际收入为 16.22 亿元。其中：失业保险费征缴收入 15.72 亿元；基金支出比上年减少 60.15%，实际支出 2.59 亿元。全省参加工伤保险人数比上年末增加 16.03 万人，总人数为 243.40 万人，其中：农民工参保人数比上年末增加 12.72 万人，总人数为 1.52 万人；享受工伤保险待遇人数 3.60 万人。全年工伤保险基金收入比上年增加 113.29%，实际收入为

12.20 亿元，其中：工伤保险费征缴收入 7.68 亿元；基金支出比上年增加 56.32%，实际支出 6.80 亿元。参加城镇职工生育保险人数比上年末增加 6.26 万人，共 216.49 万人。3.54 万人次享受生育保险待遇。全年生育保险基金收入比上年增加 43.84%，实际收入 4.20 亿元；基金支出比上年增加 14.20%，实际支出 1.93 亿元。

2012 年年末，城镇企业职工基本养老保险参加人数比上年末增加 21.65 万人，实际人数为 364.47 万人，其中：参加基本养老保险职工 253.76 万人；离退休人员 110.71 万人。确保了 108.13 万名企业参保离退休人员足额按时领到养老金，年底企业参保离退休人员基本养老保险人均待遇 1621 元/月。企业退休人员社区管理服务率达 73.68%。全年当期收缴基本养老保险费比上年增加 9.02 亿元，收缴额为 227.11 亿元；基本养老金支出 201.16 亿元。年末全省农村社会养老保险参保总人数比上年末增加 705.32 万人，已达 2044.63 万人，其中：2001.03 万为参加新型农村社会养老保险人数；43.59 万为参加被征地农民社会保障人数。全年 389.85 万人领取农村社会养老金，农村社会养老保险资金收入 54.52 亿元，其中：被征地农民社会养老保障资金收入 44.17 亿元；基金支出 24.9 亿元，其中：被征地农民社会养老保障资金支出 6.7 亿元。参加城镇居民社会养老保险人数 102.13 万人，全年领取城镇居民社会养老保险待遇人数为 29.84 万人。全省参加失业保险人数 224 万人，比上年末增加 7.25 万人，其中：22.75 万农民工参保。年末领取失业保险金人数比上年末增加 0.56 万人，总人数为 3.83 万人。全年失业保险基金比上年增加 23.3%，总收入 20 亿元，其中：失业保险费征缴收入 19.37 亿元；基金支出 3.48 亿元，比上年增加 34.36%。全省参加工伤保险人数为 295.26 万人，比上年末增加 51.86 万人，其中：农民工参保人数比上年末增加 6.3 万人，共 87.82 万人。享受工伤保险待遇人数 3.98 万人。全年工伤保险基金收入比上年减少 15%，共收入 10.37 亿元，其中：工伤保险费征缴收入 10.12 亿元；基金支出 9.23 亿元，比上年增加 35.74%。全省参加城镇职工生育保险人数 239.22 万人，比上年末增加 22.73 万人。享受生育保险待遇人数4.64万人次。全年生育保险基金收入比上年增加34.76%，共5.66亿元；基金支出比上年增加138.34%，共支出4.6亿元。

2013年年末全省参加城镇职工基本养老保险人数为384.55万人，比上年年底增加20.08万人，其中：参加基本养老保险职工260.53万人、退休人员124.02万人。参加城镇基本医疗保险增加236.36万人，实际参保人数为1118.75万人。全省参加失业保险比上年末增加8.52万人，总人数为232.52万人。全省333.85万人参加工伤保险，271.13万人参加生育保险。参加新型农村社会养老保险的人数比上年末增加30.97万人，人数为2032万人。全省享受城市最低生活保障居民数比上年增加10.5万人，实际人数为104.1万人；享受农村最低生活保障农村人口比上年增加29万人，实际人数为466.5万人。根据2009年至2011年的数据《中国社会保障发展指数报告2012》将云南省社会保障发展总趋势分析评价为上升趋势，其中养老保障覆盖面评价为上升趋势，医疗保障覆盖面被评价为波动。但是，也要看到在社会保障“保障度”和保障的可续性方面均评价为下降。其中养老保障“保障度”和可持续性被评价为波动，而高效性被评价为下降；医疗保障“保障度”和高效性被评价为波动，可持续性评价为上升。也就是说，近几年，随着相关新政的出台，云南省社会保障在数量上增长，但是在质量上却还有待提高。

第二节　云南省民族自治地方社会保障特点分析

云南省民族自治地方的经济社会发展有其特殊性，社会保障的起点低、发展慢，而且云南民族自治地方的贫困人口较多，社会保障的底子薄弱。通过各级政府的努力，社会保障取得了可喜进步。同时，各个民族自治地方的社会保障情况又呈现出不同的特点。

一　各自治地方社会保障发展趋势与全省基本保持一致

2009年以来，随着国家政策法规的完善以及云南省逐步加大对社会保障的投入，全省各地社会保障覆盖面和社会保障经费支出都呈上升趋势。2014 年楚雄彝族自治州《政府工作报告》中提到，2014 年，楚雄州“不断提高保障水平，城镇职工、城镇居民医保和新农合政策范围内住院费用平均报销比例分别稳定在 80%、70% 和 75% 以上，最低工资标准和失业保险金标准均增长 15%，企业退休人员基本养老金月人均增加 205 元”。西双版纳傣族自治州 2013 年“基本医疗保障范围不断扩大，新农合参保率达98.9%，比上年提高 0.99 个百分点，位居全省前列。在全省率先建成覆盖全州的医疗卫生服务共同体，服务范围已辐射到老挝南塔省”。文山壮族苗族自治州在《政府工作报告》中提到，2013 年文山州社会保障制度更加完善“进一步完善养老、医疗、失业、工伤、生育保险制度，积极扩大社会保险覆盖面，新增各类社会保险参保人数 6.3 万人。强化社保基金监督管理，确保安全高效运行。进一步完善最低生活保障制度，健全社会救助体系，确保受灾群众得到及时救助，保障困难家庭和农村‘五保户’的基本生活。加强残疾人社会保障和服务体系建设，大力发展残疾人事业”。

通过比较分析，我们不难看出，各个民族自治地方的社会保障发展水平基本一致，保障方位、报销比率、参与人口、保障类别基本相似。总体上，各个民族地方社会保障不断发展，政府在社会保障中起到了重要的主导作用。

二 自治地方根据地方需求与条件制定政策，不断完善社会保障体系

社会保障是人民生活安居乐业的基本前提。在多民族地区，社会保障制度是否健全、是否落实还关系到民族团结、国家稳定。各自治地方政府在遵循中央和云南省相关法规政策的前提下，制定了符合本地的社会保障政策。如怒江傈僳族自治州制定了《怒江州新型农村合作医疗全州统筹方案》，对新型农村合作医疗的统筹目标、原则、对象、内容和措施作了详细规定，并提出来了“坚持全州统筹、以县为主、分级管理相结合的原则。体现便民利民的原则。资金包干使用，

超支不补，结余留用的原则。坚持分步实施、逐步到位原则”。2013年，根据社会经济发展的变化，制定了《怒江州人民政府关于进一步加强和改进最低生活保障工作的实施意见》。《意见》指出：“最低生活保障工作要以保障和改善民生为主题，以强化责任为主线，坚持保基本、可持续、重公正、求实效的方针，按照应保尽保、公平公正、动态管理、统筹兼顾的原则，进一步完善法规政策，健全工作机制，严格规范管理，加强能力建设，努力构建标准科学、对象准确、待遇公正、进出有序的最低生活保障工作格局，不断提高最低生活保障制度的科学性和执行力，切实维护困难群众基本生活权益。”同年，怒江州还针对尿毒症患者看病难、看病贵的问题，制定了《怒江州尿毒症透析治疗救助实施细则》。红河哈尼族彝族自治州出台了关于将生育医疗费用纳入城镇居民基本医疗保险统筹基金支付范围和增加特慢病病种门诊治疗的相关政策。

这些民族自治地方出台的系列社会保障政策，对提高当地的社会保障水平具有重要的促进作用。尤其是医疗保险的实施，惠及千家万户。极大消减了因病致贫、因病返贫的数量，得到了边疆少数民族的普遍欢迎。通过笔者调查，在许多边疆少数民族地区，新农合的参保率达到百分之百。2016年以来，在国家实施精准扶贫的战略中，建档立卡贫困户的医疗报销比例得到了极大提高，许多贫困户家庭得到了及时救治，少数民族群众的生活质量得到了极大提升。

三　各地州政府高度重视，将社会保障作为政府的重要工作

近几年，云南省各民族自治地方都把“社会保障”列入政府工作重大项目和重点工程来实施。楚雄彝族自治州把“加大社会保障力度”作为2014年全州10件重点民生实事，提出要“继续扩大社会保险覆盖面，力争五大社会保险参保人数累计达230万人以上。按照省级统一部署，调整企业退休人员基本养老金、失业保险金和最低工资标准，确保各项社会保险待遇按时足额支付。认真落实城乡居民大病保险个人不缴费政策，确保城镇职工、城镇居民医保和新农合政策范

围内住院费用平均报销比例分别稳定在80%、70%和75%以上，城镇职工重大疾病医保政策范围内住院费用平均报销比例达90%以上”。西双版纳傣族自治州把“推进城乡社会保障体系建设”列入“2014年全州重点督查的20项重要工作”。提出在2014年要“统筹推进社会保障体系建设，参加各类保险人数稳定在105万人次以上，完善艰苦边远地区津贴增长机制。抓好城乡低保、农村五保和社会救助工作，城乡低保、五保供养标准再提高15%”。怒江傈僳族自治州把“民生保障工作”列入“怒江州人民政府关于推进实施2013年全州重点督查10个重大建设项目和10项重要工作”。提出全州将“进一步扩大社会保险覆盖面，稳步提高社会保险统筹层次和待遇。提高新型农村合作医疗筹资标准和农民受益水平。完善城镇职工基本医疗保险州级统筹工作。健全完善医疗救助、贫困救助、临时救助制度。落实好农村‘五保’对象和残疾人各项特殊优惠政策”。大理白族自治州在《2013年州人民政府实施并重点督查的幸福大理建设十件惠民利民实事》把社会保障工作列在重要工作中。如“建立城镇居民和新农合大病保险机制，新农合筹资标准提高到340元。新建4个县级城市养老服务机构和8个农村敬老院，城乡低保补助、农村‘五保’供养补助和80周岁以上高龄老人补贴标准提高15%”。

各个民族自治地方主动作为，将社会保障作为最重要的民生工程，完善相关政策，制定切实可行的工作计划，加大推进力度，使社会保障工作取得实效。在笔者调研过程中，许多少数民族群众纷纷表示，社会保障政策是这几年最大的民生工程，老百姓得到了实实在在的好处，拥护政府继续推进相关政策和措施。

四　民族自治地方社会保障发展面临新环境

众所周知，社会保障制度的建立是在社会经济发展到一定程度，社会经济总量有一定储备的前提下才能建立起来的。因此，经济发展在社会保障体制的完善中发挥了基础性作用。没有经济总量的提升，也就完善社会保障体制也就无从谈起。与此同时，社会保障制度具有稳定社会和促进经济增长、调节经济平衡、提高社会素质的基本功能。它是市场经济体制的重要支柱；是弥补市场不足，拉动市场需求，实现充分就业的宏观调控手段；是国家缩小贫富差距，缓和社会矛盾，发挥其保证社会公平职能的基本措施；是影响人们消费、就业等行为的政策工具。

2000 年 10 月，中共十五届五中全会通过《中共中央关于制定国民经济和社会发展第十个五年计划的建议》，把实施西部大开发、促进地区协调发展作为一项战略任务。2009 年 7 月，时任国家主席胡锦涛同志考察云南后提出把云南建成中国面向西南开放的重要桥头堡。两个重大举措为云南省民族自治地方社会保障的发展提供了新机遇。前者以亚欧大陆桥为依托，延长江水道、西南出海通道等交通干线，将沿线中心城市串联起来，逐步形成西部有特色的经济带，利用西陇海兰新线、长江上游、南（宁）贵、成昆（明）等跨行政区域的以点带面带动其他地区发展。后者以把云南建成中国沿边开放经济区为目标，利用云南省特殊的地理人文环境，把云南建设成我国向西南开放的重要门户。对外连接东南亚、南亚，对内连接西南及东中部腹地，构筑陆上大通道。在桥头堡战略中，德宏傣族景颇族自治州、西双版纳傣族自治州、红河彝族哈尼族自治州都是连接东亚、东南亚的重要通道；文山壮族自治州发挥着联系广西壮族自治区的功能；楚雄彝族自治州则是滇中产业经济带的核心地区。西部大开发战略和桥头堡建设为云南民族自治地方大社会经济大发展带来了前所未有的机遇，为民族自治地方社会保障体制的完善奠定了基础，也提出了新的要求。

党的十八大以来，党中央坚持以民为本的执政理念，把民生工作和社会治理工作作为社会建设的两大根本任务。习近平总书记强调，我们的人民热爱生活，期盼有更好的教育、更稳定的工作、更满意的收入、更可靠的社会保障、更高水平的医疗卫生服务、更舒适的居住条件、更优美的环境，期盼孩子们能成长得更好、工作得更好、生活得更好。人民对美好生活的向往，就是我们的奋斗目标。因此，切实保障和改善民生工作是各级党委政府当前的一项重要任务，而且这项工作只能加强，不能削弱。

第三节　云南省民族自治地方社会保障制度存在的问题

云南省的绝大多数贫困县都集中在民族地区，因而贫困人口也主要集中于此。尽快完善民族地区社会保障体制，保障人民生活安居乐业是少数民族同胞的迫切需求，也是确保云南乃至全国民族团结、边疆稳定的重要手段。与此同时，西部大开发战略和云南省建设桥头堡也要求民族自治地方尽快完善社会保障体制，以完善的体制吸引人才、留住人才，从而加快全省的发展速度，促使社会经济和社会保障体制运行进入良性循环。张文小通过研究指出，目前民族地区社会保障的现状，可以用两句话来概括：一是城乡社会保障失衡；二是保障体系脆弱。[①] 这一研究结论虽然是20世纪90年代得出的，但现在看来，依然符合云南省民族自治地方的现状。当前，云南省在保障和改善民生方面取得了长足进步，各族群众的物质与精神文化生活得到切实提高，对党执政的信任度不断加强，生活幸福指数不断提升。但总体上看，云南的民生工作离人民群众的要求，尤其是社会保障工作离党中央的要求还有较大差距，面广、量大、任务重是云南社会保障工作面临的重要问题。

一　云南省贫困人口多，基础薄弱，社会保障工作的任务繁重

2011年，在中央确定的14个连片特困地区中，云南省涉及乌蒙山片区、滇桂黔石漠化片区、滇西边境片区、藏区4个集中连片贫困区，这4个片区均属于自然环境条件恶劣、基础设施脆弱的连片特困地区，扶贫开发成本高，脱贫难度大。在全国680个片区县中，云南省有85个片区县，加上2个天窗县和4个嵌入县，共有91个县，分

① 张文小：《民族地区的社会保障及立法》，《天府新论》1996年第3期。

别占全省129个县（市、区）的66%和70.5%。91个片区县有深度贫困人口144.4万人，占全省深度贫困人口总数的90.1%。深度贫困人口相对更为集中在80个扶贫开发工作重点县（尤其是73个国家扶贫开发工作重点县，县均深度贫困人口1.76万人）、革命老区县、三江沿线的县和边境县这四类贫困地区。从规模上看，涉及16个州（市）105个县（市、区）的1025个乡（镇）、5204个建制村、1.37万个自然村，其中有22.16万人基本丧失生存条件，有4922个自然村不通公路，有2418个自然村的7.51万户农户不通电，有32.87万户农户住房困难。在这样大面积的贫困人口中，要切实做好社会保障工作，其工作任务非常艰巨。许多贫困地区经济基础本来就薄弱，发展相对缓慢，社会保障工作的起步较晚，需要保障的少数民族群众数量多。这些问题是云南民族自治地方面临的特殊情况，也是云南社会保障工作需要突破的问题。

云南省由于地处祖国西南边陲，经济社会发展缓慢，民生基础较为薄弱，基础设施和公共服务相对滞后。长期以来，在贫困人口聚居地区，社会公共卫生医疗体系投入不足，缺乏医药现象突出。在深度贫困人口较为集中的地区建制村卫生室未达标率高达60.63%。一些边远地区的少数民族，如景颇、傈僳、独龙、怒、佤、布朗、基诺、德昂等“直过民族”，他们以传统农业为主，基本延续着落后、低效的生产方式，有的还保留着刀耕火种的原始耕作方式，商品意识淡漠，“直过区”社会发育不健全的问题在市场经济条件下日益显现，生产力发展难以跟上全国、全省水平，还处于社会主义初级阶段的低层次。许多地区的劳动力受教育程度低，自身综合发展能力差，人力资本存量不足。据资料显示，云南边远、少数民族、贫困地区深度贫困人口受教育年限仅为5年左右，成人文盲、半文盲率达29.6%；15个独有民族文盲率高达22.5%。因此，云南省民族自治地方的社会保障工作任重道远。

二　企业化社会保障服务形式尚未形成

目前，云南省民族自治地方的社会保障主要依靠政府投入、政府实施和民族地区传统社会互助来实现，商业保障服务和社会组织、民办公共事业所发挥的作用还非常有限。商业保障服务方面，民族自治地方的商业保障服务还没有为群众普遍接受，推行还存在诸多困难。通过调查，我们发现商业性质的社会保障补充服务体系在民族自治地方还处于起步阶段，有的边疆民族地区甚至存在空白服务。

我们认为，造成这样的原因有以下两个方面。一是民族自治地方，特别是边远地区，商业业务主要是人身保险，而财产保险业务量有限，保险公司不愿意投入大量成本来开展业务。企业在考虑业务时，将工作成本作为重要的考虑内容，将利润作为重要的工作条件来权衡。二是民族自治地方贫困面大，群众经济能力有限，不愿意将有限的资金投入到保险中。社会组织服务方面，虽然云南省民族自治地方社会组织发展较全国已经走在前列，但其提供的服务内容却非常有限，主要集中在扶贫济困、环境保护方面，在基础性社会保障上发挥的作用有限。民办公共事业上，民办医疗机构、民办学校等均集中在城市，经济发达地区，而在占绝大多数的农村还没有覆盖到。

三　政府投入不足，筹资机制不合理

目前，民族自治区基本上是“吃饭财政”。加之我国社会保障制度的建立起步较晚，基金积累量有限。导致社会保障资金的投入主要用于扩大覆盖面，而对“保障性”和保障的可持续性投入不足，从而造成社会保障始终在低水平状态运作。一方面，我国长期的二元社会体制，使得政府对农村地区社会保障的资金投入和基础设施建设均落后于城市，历史欠债过多，一时之间难以弥补；另一方面，民族自治地方社会保障资金来源渠道单一，资金筹措机制不合理。现有的社会保障体制中，要求企业（集体）和个人都必须缴纳社会保险费，且费率较高，很多企业和个人“望费生畏”，导致社会保险收缴困难。

四　民族自治地方社会保障覆盖面不足

由于当前我国的城镇职工社会保险主要由个人、单位和政府三方承担，城镇居民社会保险主要由个人与政府两方承担，农村人口则实行“个人缴费为主，集体补助为辅，国家政策扶持”的办法。这就造成中低收入、贫困人口由于其经济能力的欠缺，没有购买社会保险，无法享受社会保障，而这一部分人又恰恰是最需要社会保障的人。另外，由于户籍制度的限制和劳动力市场的不完善，非正规就业群体、自由职业者、跨地区务工者等购买和享受社会保险服务都有诸多限制。如养老保险异地转接阻碍重重、居民医疗保险只能在购买地使用等，使得很多人放弃购买社会保险或无法享受社会保险提供的服务。

五　社会保障发展不均衡不充分

云南民族自治地方的社会保障还表现在城乡发展不均衡和不同受保人群享受的服务不均衡。长期以来，我国的社会保障制度设计是基于城市发展的需要而展开的，广大农村人口一直被排除在外。社会保险、社会救助、社会福利都率先在城市建立，而农村人口的社会保障仅在近几年才提上日程，这导致了农村地区面积和农村人口占绝对多数的民族自治地方在社会保障总体投入不足的情况下，又把有限的投入大量投在少数城市地区和城市人口中。另外，即使在同一地区的不同人群中，所享受到的社会保障也是不同的。主要表现为不同职业的人群享受的“保障度”不同。职业较为优越和收入较高的群体，更容易纳入社会保障的范围，享受较高的“保障度”；职业优越性低，收入一般的群体，享受的“保障度”低；自由职业者、非正规就业者和无业者则几乎被排除在社会保障体系之外。

六　制度设计有缺陷

由于我国社会保障制度设计是按照“发现问题—解决问题”的思路来设计的。因此顶层设计存在着许多问题。常见的问题，如项目间相互分割、缺乏共享性，导致民族自治地方的社会保障制度琐碎，如养老保障就业可分为城镇职工基本养老保险、城镇居民社会养老保险和农村社会养老保险，而国家机关公务人员和事业单位工作人员的养老包险则实行退休金制度；医疗保险的设计则更为复杂和琐碎。按职业与居住地划分可分为城镇职工基本医疗保险、城镇居民社会保险和新型农村医疗保险；按医疗行为发生的原因看，城镇职工的医疗保障又可分为城镇职工基本医疗保险、职工工伤保险和职工生育保险。而在城镇居民和农村人口的医疗保障中，生育保险制度设计则不明确，由各地根据自身情况而定。与此同时，享受生育保险的金额也有极大的差别。这种地区间、人群间差别过大的现象，在工业化、城镇化、劳动力自由流动的背景下，已经出现了诸多弊端。如新型农村合作医疗的统筹，民族自治地方只能在当地实施统筹，而即使是相邻的两个州也不能通用，如在怒江州参保的人员，到毗邻的迪庆藏族自治州就不能享受新农合。再比如，假设一个红河州生源的学生到昆明上大学，参加了昆明市城镇居民社会医疗保险，在假期返乡期间生病需要治疗，则无法在当地享受医疗保障，只能全额自费医疗。再如，2017 年建档立卡贫困户如果出现重大疾病，按照规定可以免交“押金”，直接可以开始治疗，但是，由于省级三甲医院与各地州的对接出现问题，本该享受免押金优待的贫困户，实际没有享受到，许多民族自治地方免押金可以在州内实现，实际上，重大疾病只有到省城医院才能治疗。但由于出现了漏洞，群众并没有得到实惠。因此，从全省来说，制度设计和保障的联通对接需要尽快完成。

七　社会保障立法滞后，管理服务工作不到位

近年来，我国社会保障制度已进行一系列改革，相关立法也出台了一些行政法规，初步形成了国家、企业和个人共同承担的多层次的社会保障格局。但从总体看来，社会保障立法的规模偏小，规格偏低，法制化程度不高，还不足以为解决国家社会保障面临的复杂问题提供充分的、有效的法律依据，不足以满足市场经济和社会保障事业发展的需求。民族自治区社会保障法制化程度更低，难以为政府解决社会保障面临的严峻而复杂的现状提供充分、有效的政策和法律支持。目前，在我国还没有建立起统一的社会保障法律制度的现状下，民族自

治区的地方立法与东部地区相比较，明显滞后。社会保险费用的征缴、支付、运营、统筹管理不规范；社会救济、社会福利和优抚安置的地方立法严重欠缺；社会保障工作在许多方面只能依靠行政手段强制推行。介于各地经济发展水平差距的制约，各地的政策调控力度也有巨大差距。

目前民族地区大量采用的还是行政管理方法，忽视了社会保险法制教育，也没有很好地将定性研究方法与定量研究方法结合起来；社会保险还简单地定位在国民收入的再分配与转移支付等思想观念上，缺乏市场经济的激励机制；社会保险信息系统还远未建立，大量的社会保险业务工作还停留在低水平的手工操作阶段。此外，受经济发展水平的制约与传统社会保险观念的影响，少数民族自治区社会保险管理目标与管理层次不高：医疗保险中，重治疗、轻预防；失业保险中，重解决失业者的基本生活问题，而对失业者的技能培训与就业引导关心不够；工伤保险中，重工伤保险金的发放，忽视工伤预防与职业康复。

第四节　云南省民族自治地方社会保障制度改革发展对策

社会保障具有保障公民生存发展、调节收入分配、缩小发展差距、实现社会公平、促进经济发展、维护社会稳定的基本功能。民族地区社会保障制度的建立健全更担负着促进民族团结，维护社会稳定的重要作用。在完善云南省民族自治地方社会保障的问题上，应注意充分调动社会多方力量，充分发挥社会保障调节收入分配作用，完善社会保障立法，提高社会保障管理水平。民族自治区社会保障体系的完善要遵循以下几个基本原则：一是社会保障水平与经济水平相适应。少数民族地区的经济水平比较低，在完善社会保障制度时，不能追求较高的保障水平。当然当经济发展时少数民族地区居民应该通过社会保障制度分享经济发展成果。二是个人责任和社会责任并重。这样既可以保持个人的责任心，又可以使国家利用“转移支付”手段调节不同利益的分配，且不必承担过重的负担。三是社会与经济发展双重功能并重。社会保障制度的首要目标是提供社会保障，即社会目标，但是，经济的发展是社会保障制度的基本保证，因而社会保障制度还要强调其经济功能，以达成经济发展的目标。

十九大报告指出，要按照兜底线、织密网、建机制的要求，全面建成覆盖全民、城乡统筹、权责清晰、保障适度、可持续的多层次社会保障体系。全面实施全民参保计划。完善城镇职工基本养老保险和城乡居民基本养老保险制度，尽快实现养老保险全国统筹。完善统一的城乡居民基本医疗保险制度和大病保险制度。完善失业、工伤保险制度。建立全国统一的社会保险公共服务平台。统筹城乡社会救助体系，完善最低生活保障制度。坚持男女平等基本国策，保障妇女儿童合法权益。完善社会救助、社会福利、慈善事业、优抚安置等制度，健全农村留守儿童和妇女、老年人关爱服务体系。发展残疾人事业，加强残疾康复服务。坚持房子是用来住的、不是用来炒的定位，加快建立多主体供给、多渠道保障、租购并举的住房制度，让全体人民住有所居。结合云南民族自治地方的实际，我们认为，要从以下几个方面完善社会保障制度。

一　倡导全社会共同参与民族自治地方的社会保障服务

社会保障覆盖率是衡量全面建成小康社会的基本指标之一，也是党和政府最大的民生工程。要进一步完善民族自治地方社会保障体系的建构可以从以下几方面入手：一是明确政府在社会保障体系建立健全中的主导作用。由政府建立统一的社会管理机构，统筹管理社会保障政策、法规、制度设计和规划。二是扶持商业保险在民族自治地方的发展，鼓励商业保险服务业深入农村。目前，全国已有多个省市试点政府出资向商业保险机构购买“巨灾险”。云南省民族自治地方也可以借鉴其经验，由政府出面，为居民投保，利用商业保险补充社会保险的不足，提高城乡居民的社会保障程度。与此同时，在突发灾害等应急事件面前，也可减轻政府财政负担。三是鼓励社会组织、民办公共事业单位为群众提供服务。民族自治地方政府可采用购买服务、政策扶持等方式，鼓励社会组织在养老、医疗、社会救助等领域发挥作用，为城乡居民提供更好的社会保障服务。另外，目前民办公共事业已在城市中逐步发展起来，政府可制定扶持政策鼓励民间资本深入农村地区提供公共医疗卫生、公共教育、民办养老等服务。通过整合政府与民间的力量，为民族自治地方居民提供更加优质的社会保障服务。

二 完善社会保障财政投入机制

目前社会保障财政投入总量不足、投入不均衡的现状，未来需要完善社会保障的财政投入机制，就需要调整社会保障财政投入的结构，增强财政投入的绩效。调整财政投入的方向和结构，明确财政投入的重点，包括项目、地区与人群，实现调节收入分配的功能。财政投入应该向城乡中低收入群体倾斜，提高中低收入群体的收入水平；应该向农村倾斜，发展农村社会保障与新农村建设相结合，提高农村居民收入水平。加强社会保障财政投入，在中央和地方政府之间合理划分出责任，明确政府在各种不同社会保障项目中的财政投入责任。从我国的实际情况看，考虑到财政支出能力和社会保障的实际需要，进而缩小地区差距。

完善社会保障制度的筹资机制，加强对低收入人口的支持。社会保障应该在遵循公平优先、权利与义务相结合的基础上，对中低收入人口和贫困人口给予特别关注，建立科学的责任共担机制。基于目前社会保障缴费率较高的现实，应该适当调整基本社会保障项目的缴费率，尤其是城镇职工基本养老保险制度，还有下降的空间。将机关事业单位人员纳入社会保险的范围中来，履行适当的缴费义务；城乡居民的养老保险制度、医疗保险制度的缴费可适当逐步提高。在筹资模式上，应该加大社会统筹的成分，适当降低个人账户的比例，以增加社会保障制度的互助共济功能，有利于调节收入分配。

三　进一步扩大社会保障制度的覆盖面

党的十八大以来，国家各项保险参保人数持续增长，基本养老保险参保人数超过9亿人，基本医疗保险覆盖人数超过13亿人，全民医保基本实现。但是总体上看，社会保障的服务水平、服务层次与人民群众对美好生活的需要还有一定的差距。尤其是民族自治地方，社会保障的起步较晚、基础薄弱。建立覆盖城乡全体居民的社会保障，应该在目前《社会保险法》的基础上，将所有城乡就业人员纳入社会保险的范围中来。在实践中应该通过采取政策措施将农民工、乡镇企业就业人员、灵活就业人员、大学生、儿童、城乡居民等群体纳入社会保障的覆盖范围中来。现在的农村社会养老保险、城镇居民养老保险应该尽快实现全覆盖。最低生活保障制度应该将全体贫困人口纳入进来，实现“应保尽保”。通过各种努力，构筑纵横交织的社会保障安全网。使边疆少数民族群众得到全方位、无死角的保障。这种全覆盖的社会保障制度不但是执政为民的要求，也是人民群众对美好生活向往的追求。

四　完善社会保障的制度设计

当前我国整体的社会保障体系都表现出制度的凌乱和受保人群的划分过于琐碎的问题。在民族自治地方这个问题显得更加突出，民族自治地方社会保障应从社会保障的公平性出发，减少对受保人的类别划分，把目前的城市与农村居民、城镇职工与城镇居民以及最低生活保障对象的划分，统一简化为社会保险受保人，而把低收入群体人群归入最低生活保障群体即可。从保险基金统筹的角度看，应把目前的地区统筹改为省级统筹，甚至是国家统筹，打破缴费地域限制，以使社会保障制度更加符合目前劳动力自由流动的需要。

一是加强社会保障制度的整合与衔接。针对目前社会保障制度的碎片化与非均衡发展问题，应进一步加强社会保障制度的整合与衔接，增强社会保障制度的公平性。而在社会保险方面，尤其需要加以整合。

在养老保险方面，应该加强机关事业单位的养老保险改革，通过改革建立与城镇职工基本养老保险相协调的公职人员养老保险制度，城镇居民社会养老保险与农村居民养老保险可进行整合，探索建立“基础统一、多元多层”的养老保险制度筑牢养老保险的公平底座。在医疗保险方面，应该探索新型农村合作医疗与城镇居民基本医疗保险的整合，应该进行中央机关单位的公费医疗改革。在社会救助方面需要对不同救助类型（贫困救助、医疗救助、灾害救助、教育救助、住房救助等）进行适度整合，加强社会救助的法制建设。在社会福利方面，也需要进一步整合。

二是向低收入人口和贫困人口倾斜的社会保障待遇补偿机制。在养老保险制度方面，应该完善现有的固定给付与缴费确定相结合的待遇确定模式，建立待遇享受与待遇适度关联的“累退”型待遇享受机制，即收入越高，缴费越高，获得的待遇比例（替代率）越低。可以探索建立适度的最低待遇担保机制。在医疗保险费用的报销方面，应该降低或取消起付线，提高或取消封顶线，扩大药品和服务的报销范围；探索新的医疗保险支付方式，比如可以实施后付制、按人头付费；应该适当降低门诊和慢性病的报销门槛。在事业保险制度方面，应该提高补偿水平，同时缩短补偿时间，注重发挥事业保险基金的促进就业功能。在最低生活保障方面，应该完善瞄准机制，建立动态调整机制。

三是建立科学的社会保障待遇调整机制。应该在遵循公平共享经济社会发展成果的原则下，设计科学的待遇调整机制，使之与经济社会发展相适应。总体来说，社会保障待遇的调整是刚性的，是向上调整，而非向下调整。在坚持总体待遇水平提高的同时，需要建立差异化的待遇调整机制，重点提高低收入人群和贫困人口的社会保障水平，使之向社会水平看齐。综合国内外社会保障待遇调整的实践，应该根据社会平均工资的增长和物价指数相结合进行调整，这有利于提高低收入者的待遇水平。

五　改进社会保障的管理与服务

完善云南民族自治地方的社会保障制度，要进一步加强社会保障的管理与服务，增强社会保障在实践操作中的公平性与效率性。在经济不发达的民族自治地方，首先保证人民群众急需的社会保障服务的落实。在云南省大部分民族自治地方，群众最迫切需要的就是养老保险和医疗保险。民族自治地方政府，应在这两方面的改革上下更多的工夫。一是需要进一步理顺管理体制。在养老保险方面，还需要对机关事业单位人员、企业职工、城镇居民、农村居民的制度安排进一步统筹管理；在医疗保险方面，应该进一步整合机关事业单位、城镇职工、城镇居民、农村居民的医疗保险制度；在社会救助方面，应该对贫困救助、住房救助、医疗救助、教育救助、灾害救助等进行适度整合管理。在养老保障和医疗保障方面，是否按照老年保障（包括养老保险、老年福利等）、健康保障（医疗保险、医疗救助等）进行整合管理也值得思考。二是尽快提高社会保障的统筹层次。具体来看，在养老保险方面，尤其是城镇职工基本养老保险制度，应该尽快实现全国统筹。城乡居民养老保险制度的统筹层次需要进一步提升，从县级统筹上升到市级统筹或省级统筹。城镇职工基本医疗保险制度应该上升到省级统筹，城乡居民医疗保险保险制度应上升到市级统筹或省级统筹。城乡居民最低生活保障制度的统筹层次也需要适当提高。三是要加强社会保障经办机构的整合与能力建设。未来迫切需要进一步整合各类社会保障经办机构，实现社会保险、社会救助、社会福利经办机构的整合，在基层（乡镇、街道）可以考虑将全部社会保障事务整合到一个机构办理。在整合社保经办机构的同时，需要加强经办机构的内涵建设，未来需要培养大量专业化的社会保险经办人员，从制度、人员、机构等方面进行努力，构建公平高效、快捷的社会保障服务体系，规范社会保障的经办程序，完善社会保障的标准机制，防范社会保障对收入分配的逆向转移。

六 抓住机遇促进云南民族自治地方社会保障事业大发展

在“一带一路”背景下，建设面向南亚、东南亚辐射的中心区域，新时代中国特色社会主义建设是云南省民族自治地方社会经济大发展的重要机遇。要抓住机遇在全省经济总量提升的前提下，一方面通过加大财政对社会保障的投入提高社会保障的覆盖面，提升社会保障的“保障度”、高效性和可持续性。增加对低收入群体的社会救助，做到应保尽保，并提高救助水平。另一方面，通过提升城乡居民收入，提高居民的购买力，减少因个人经济能力限制而弃保的现象。同时，云南省各民族自治地方还要保留和发挥传统社会保障的作用。传统的在血缘和地缘关系上结成的社会互助式的社会保障模式，虽然已不能完全满足当今劳动力高流动率的社会现实的需要，其功能的发挥已日渐式微，但是我们不能忽视它存在的意义。这种传统的社会互助式的社会保障已经内化到当地居民的日常生活中，亲戚之间、邻里之间互助本身已经成为了一种生活的方式。它所带给居民的不仅仅是经济上的保障，更是一种情感上的归属。

第五章

云南省民族自治地方医疗卫生事业改革发展研究

医疗卫生事业是一个国家或地区医疗保障体系、卫生监督体系、医疗服务体系的总称。它是政府致力于促进、改善与维持居民身体健康水平，进行的具有一定社会福利性质的公益事业。随着经济的高速发展，我国人口老龄化和城镇化进程的加快，老百姓的医疗卫生服务需求不断提高，并成为社会高度密切关注的话题。改革开放以来，云南省医疗卫生事业迅速发展，一定程度上实现了医疗卫生工作的跨越式发展。而云南省作为一个西部边疆欠发达省份，其各地区的医疗卫生资源的分配也很不均匀，必然导致发展不均衡。云南省有较多区域的民族自治地方，承担着推进西南边境全面建设和谐社会进程，加速云南发展崛起的重任。改革开放以来，随着社会经济的发展，民族自治地方的医疗卫生事业实现了发展。本章对云南省民族自治地方的卫生事业发展进行了历史回顾和现状分析，尤其对云南民族自治地方的医疗卫生水平进行概述，找出在发展中遇到的问题，并根据国家的相关政策和规划，对存在的问题提出建议。

第一节　云南省民族自治地方医疗卫生事业现状

2005 年 11 月 10 日，卫生部部长高强在全国卫生厅局长学习贯彻党的十六届五中全会精神专题培训班的讲话中曾指出：“建设社会主义新农村，这是全面建设小康社会的重大任务。中国农村面貌不改变，全面建设小康社会的目标就难以实现；农民收入水平不提高，就难以实现全国人民的共同富裕；农村的医疗卫生事业不发展，落后面貌不改变，也很难提高整个国家医疗卫生服务水平。”从广大的农村来看，近20年来的医疗卫生问题一直广受诟病，而对于广大的民族地区来说，情况就更加不容乐观了。如果说农村的卫生与医疗问题是国家公共卫生中的一个薄弱环节，那么，民族地区的公共医疗与卫生情况则是弱中之弱。因为，从现状来看，民族区域自治地方大多地广人稀、交通不便，各种公共基础设施尤其是医疗卫生条件还比较落后，在这些地方一旦出现突发性的公共卫生事件，处理起来难度是非常大的。

我国少数民族地区主要分布于经济发展比较落后的中西部地区，少数民族群众看病贵、看病难的问题较之发达地区更为突出。因此有必要深入了解少数民族群众的公共医疗卫生状况，试图为在民族地区解决群众看病贵、看病难的问题寻求有效途径。如何构建民族地区的公共医疗服务体系，直接关系到民族地区广大人民群众的健康生活。进一步改善民族地区公共服务与公共产品（包括基础设施、公共医疗卫生、社会保障）供应不足的现状，对于构建和谐社会，促进民族和国家团结，维护整个国家的稳定和安全，无疑具有重要的战略意义。民族地区的公共医疗卫生问题，事关我国的新农村建设问题。因此，大力发展农村公共医疗卫生事业，是新农村建设中的一项重要内容。

一　自治州（市）县、乡、村三级服务网络定位布局不合理

按照医疗卫生机构的设置惯例，不同层次的医疗卫生机构承担不同的工作职责，县级医院是以医疗、急救、业务指导为主，而乡镇卫生院则应以公共卫生为主要职能。可是在现实中，无论是医院、卫生院还是卫生室都以医疗为主，这导致公共卫生服务责任落实肯定不到位。县级医院多数是按照不同程度地往“大综合、小专科”方向发展，存在“综合性不强，特色性不特”等现象。在云南少数民族地区，特别是民族自治区，因地理复杂、交通不便，乡镇行政区划进行

调整后，卫生资源配置没有及时根据区域经济及社会发展做出相应的调整。导致乡镇卫生院和村卫生室的数量减少、服务范围明显增加，有的卫生院距离甚至超过50千米。另外，目前我国基层医疗机构尤其是乡镇卫生院发展水平参差不齐，整体医疗水平普遍较低，尤其是在云南民族区域自治地方，由于镇街财政紧张导致对乡镇卫生院投入相对不足，造成乡镇卫生院基础条件差、医疗设备与医疗水平落后，严重影响到农村公共卫生和基本医疗任务落实。

二　医疗卫生服务体系不健全

自新农合制度推行以来，确实为大部分农民解决了不少实际问题，减轻其经济负担。云南自治区很多地区进行医疗卫生改革，在优化卫生资源配置、提高农村健康质量、完善公共服务等方面做了大量工作。但仍存在一些问题与不足，卫生事业的发展与全面建设小康社会的要求，与广大人民群众多层次、多样化的卫生服务需求还有一定差距。首先，医疗卫生资源分布不均，暂未形成覆盖城乡区域的医疗卫生信息网络。其次，农村医疗卫生基础设施、设备建设不足。乡镇医疗卫生部分综合服务能力不强，村卫生室医疗设备不齐全，疾控部门现在相关人员培训、再教育培训力度不够。最后，妇幼保障能力薄弱，卫生院业务能力建设不足，各级村卫生室医疗设备跟不上需求，严重影响正常工作，不利于妇幼工作开展。总体上来说，疾病控制系统重传染病预防的观念还没有根本改变。

三　公共卫生服务保障能力薄弱

随着国家实施扩大内需、促进经济增长的一系列措施的推进，各级政府加大了对医药卫生等民生工作的投入力度，但仍然存在医疗卫生服务保障能力不高的情况。一是公共医疗卫生服务体制不健全。政府通过不断增加卫生投入，积极推进医药卫生改革与发展，公共卫生体系建设逐步加强，农村医药卫生服务体系初步建立，医疗保障逐步完善，医药卫生事业得到了一定程度发展，但是水平不够、层次较低、覆盖面不广。二是基本公共卫生服务均等化程度不高。民族自治地方医疗卫生工作基础薄弱状况仍未得到根本改变，老百姓看病支出占农民收入的比重较大，部分农民因贫困看不起病，因病致贫、因病返贫的现象还存在。三是突发公共卫生事件应急处置体系不完善，基层尤其薄弱。四是信息系统和实验室建设落后，人、财、物储备缺乏，疾控中心检验室建设能力不足，乡镇卫生院无法开展检验的具体工作。五是，医疗卫生监督人员缺乏，尤其是农村监督力量几乎没有。学校的卫生、公共场所、生活饮用水、医疗市场等监管有待进一步加强。

四　新型农村合作医疗覆盖率有限，自治区群众受益水平不高

中国是一个人口大国，将近 70% 的人口在农村。在改革开放前，农村医疗合作以“低成本、大众化、效益高”提供医疗卫生水平而著称，但是随着农村经济发展水平的不断提高，这种优势逐渐消失。为保证农村基本医疗卫生状况，20 世纪 90 年代以来，各级机构广泛开展了医疗合作改革，但是实施效果却不如人意。目前，农村医疗保障基本上是农民的自我保障，但农民因病致贫、返贫现象大量存在。农村医疗保障的缺失，既影响了社会的公平，损害了社会正义，也影响了民族地区的稳定和团结。各种实践表明，健康的医疗卫生体制不仅仅跟随着经济的正常增长而发展，当资金和组织形式方面出现了一定问题，会导致健康水平的减弱，相关卫生部门的效率和水平下滑，最终导致经济增长消失，严重影响社会的可持续发展。一方面，社会保障作为一种社会制度和政策，是实现社会公正的一种制度安排。根据这种制度安排，人民群众有教育、就业、医疗服务和社会保障等方面享受“机会平等”的权利。因此，医疗卫生保障应该是包括最广大农村居民在内的全体公民的基本权利，尤其是西部、边疆、贫困的民族自治地方，任何基于不相关因素的区别对待都有害公平。另一方面，社会保障制度更是公平与效率制衡和博弈的结果。民族地区农村医疗保障制度的缺失，在损害公平的同时，也损害了效率。因此，因地制宜的医疗卫生政策和强有力的执行力是医疗卫生水平与经济发展的必

要条件，也是经济持续、快速发展的要求。

五　医疗卫生资源分布不均衡，管理体制不适应社会发展需要

云南省民族自治地方存在城乡之间的医疗卫生资源分配不合理，同时行政管理体制也表现出不同程度的适应性。一是从城乡对比来看，云南省医疗卫生系统人力和设备等卫生资源大部分集中在城市，民族自治地方乡镇医疗卫生资源严重不足，基层卫生院医疗设备有待提高，卫生技术工作人员缺少，而且技术水平低，服务水平不高。二是民族自治地方农村基层卫生人员匮乏。乡镇卫生院普遍存在编制不足、人员素质偏低、能力较差等问题。由于农村条件较差，留不住人才，缺乏卫生专业技术骨干，不能为群众提供常见病、多发病的技术服务，人力资源匮乏现象已是农村卫生事业发展中最关键的“瓶颈”因素。同时，多数民族自治地方乡镇卫生院业务收入低，医护人员工作积极性不高，导致医疗水平降低，严重影响乡镇卫生院在农村医疗卫生的服务能力。三是民族自治地方医疗卫生服务的定性不清晰和不准确。群众“看病难”“看病贵”问题没有得到根本性的改变，医疗卫生管理体制已经不适应市场经济的发展，政府投入也严重不足，医疗机构的经济负债过高，管理理念落后，公益性质并没有得到真正体现，缺乏一定的生机和活力。

第二节　云南省民族自治地方医疗卫生事业发展的特点

一　人民群众“看病贵”“看病难”的问题依然突出

市场化改革趋势导致医疗卫生资源的分配不离合，使医疗卫生服务的公平性大打折扣。因为医疗卫生资源不同于一般的社会资源，与社会大众的健康密紧密结合，在配置医疗卫生资源时，必须坚持公平、公正、公开原则。根据这一原则，医疗卫生资源的配置必须遵循医疗卫生服务的“需要”，需求量高的地方多配置，而人数少的地方则少

配置。改革开放以来，云南的医疗卫生领域逐渐引入市场化因素，导致较多意想不到的结果。在资源进一步优化配置下，先进的医疗卫生设备和高水平的医务工作者相对集中在城市，尤其是一些有声望的大城市、大医院。而农村医疗卫生资源却严重不足，尤其是乡村两级，加上自身底子薄、技术水平不高，而政府投入又少，云南民族自治地方农村经济发展水平和农民对医疗卫生服务支付能力下降，想进行医疗卫生资源量扩张相当困难，更无力购置高技术的医疗设备。农村医疗卫生技术人员还普遍存在学历低、职称低、水平低等“三低”现象，以上众多原因导致了农民得病只能去大城市看病，极大地加重了农民的生活负担，也加剧了城市医院的紧张程度。

老百姓“看病难、看病贵”已经成为严重的社会性问题。因为医疗卫生保健服务的消费需求，具有一定的随机性和个体差异，而且经济负担能力的差异性这些特点，客观上要求医疗卫生服务费用不是完全由个人承担，而更多的是由个人和社会一起负担，来维护人们的基本健康权利，这是我国医疗卫生事业不能全盘“市场化”的主要原因。医疗卫生工作做得越好，人们的发病率就越降低，医疗卫生单位的收入就越少，这决定了医疗卫生机构不是以盈利为目的，也不能单单依靠经济手段来调节医务工作者的积极性。医疗卫生事业作为一种生活必需，其市场价格必然受供求关系影响，患者得了大病或急症，无论是价格高低，都渴望求医治病。由此出现了一系列问题：医疗费用迅速上涨，个人负担比例不断加重，严重影响到医疗卫生水平的公平和效率，使“看病难、看病贵”越来越成为一个严重的社会问题。

二 云南医疗卫生事业的市场化改革持续推进

医疗卫生事业的市场化改革要充分尊重发展的规律和公平性原则。医疗卫生事业市场化趋势会导致一系列的问题，但根本因素在于不能仅仅将市场经济的普遍性规律简单运用到医疗卫生工作中来，而忽视医疗卫生工作的特殊性。医疗卫生工作的改革和发展，除必须要遵守市场经济的普遍规律外，还必须探索并遵循卫生市场自身的规律，这些规律是由医疗卫生工作的特殊性所决定的。马克思主义理论认为，把握矛盾的普遍性和特殊性是科学地认识事物和解决问题的前提。医疗卫生工作是一个特殊性质的市场，在这个过程中，不仅要遵循价值规律，还要尊重医疗卫生工作本身的规律，完全不能照搬企事业单位的做法。只有将市场调节和政府宏观调控有效地结合起来，才能有利于医疗服务工作的顺利进行。市场化的经济运作体制，可以实现社会资源和效益的最大优化，这是我国医疗体制改革市场化方向。但医疗卫生资源配置不能单单依靠市场调节，市场也不可能实现供需的平衡，市场化的运行在于医疗资源的优化配置，虽然也出现了医疗资源分配不合理的情况，甚至有失公平性，还会出现医疗卫生资源严重浪费的现象。因此，在充分认识医疗卫生工作的特殊性基础上，云南省不少民族自治地方不断探索出了一些医疗卫生工作发展的普遍规律，不断建立起有云南特色的社会主义医疗卫生工作体系。许多医疗卫生的改革已经达到预期的效果。

市场资源配置本身无法解决公平性问题。在当前经济条件下，追求经济利益最大化，很容易导致医院为了追求经济利益，在提供医疗卫生服务的过程中，倾向于为有消费能力的患者提供更好的服务，但一些家庭条件较为贫困的患者，有可能得不到较好条件甚至是完全得不到服务的情况。可以说，政府和市场对于资源的优化配置有着不同的功能。市场起到资源优化配置的作用，提高了资源的利用效率，政府提供公共物品和保障社会公平的功能。可以说，市场自发的资源调配功能，会使医疗卫生资源集中在经济条件较好地区，根本无法想象云南民族自治地方的社会公平。为了解决不公平问题，云南省民族自治地方坚持将医疗卫生机构作为人民健康服务的公益部门，绝对不能以盈利为目的，不能也不允许追求利润的最大化。目前，云南省民族自治地方政府努力从实际出发，逐步地、有选择地将一部分医疗卫生服务面向市场，而基本的医疗卫生服务工作，将长期作为公益事业在政府的调控下慢慢最终实现。

三 不断加强政府对医疗卫生事业的宏观调控

通过调查我们发现，云南省民族自治地方政府对医疗卫生事业有高度认识，非常清楚要解决医疗卫生事业市场化趋势所带来的问题，推动医疗卫生事业的健康发展，必须要坚持医疗卫生事业的公益性质，进一步加强政府的宏观调控。

医疗卫生工作的改革必须坚持其公益性质。在改革开放以前，我国的医疗卫生工作完全是社会公益事业，因此，医疗服务体系的建设和运行和定位是非常明确的，就是追求社会公益。由于当时医疗服务并不收费，而收费多少、是否盈利等都与医疗机构自身的发展、医务工作者的收入、福利待遇等关系不大，差额部分由政府财政和医疗机构所属的集体组织补贴。各种医疗服务包括药品价格都是由政府来主导，服务价格多数都是低于实际成本价格。这样的定位决定了各级医疗服务部门都没有盈利空间，只是提供医疗卫生服务，用于改善居民健康水平，这是医疗服务机构的最重要目标。然而，在计划经济时代，中国医疗服务体系建设及运行中也存在很多问题，但从总体上看，这些问题并不算严重，这种医疗服务体系对我国医疗卫生工作发展的贡献不可否认是极其重大的。医疗服务体系的公益目标，特别是政府和各种集体经济的投入，使低廉的服务价格就能保证大多数居民能够看得起病，这大大地提高了医疗卫生事业的公平性原则，为医疗保障制度的建设和发展奠定了一定基础。改革开放以后，我国经济改革的成功经验被引入到医疗卫生领域，市场经济成为资源配置的最重要方式。公共医疗卫生日益走向市场化，患病者不堪重负，并导致大城市的好医院病患通宵排队，一号难求现象十分普遍，小医院则人流量较少，农村缺医少药的现象大量存在，这将毫无避免地形成职业道德下降和医患关系紧张。“看病难”“看病贵”越来越成为社会的关注点，群众对医疗机构和相关工作人员产生信任危机。如果要想从根本上解决这些问题，就必须坚持医疗卫生事业的公益性质。

要确保中国医疗卫生事业的公益性质，需要政府加大财政投入。

医疗卫生机构是一个高成本运营的机构，单纯依靠自身的运营收入去经营和发展是远远不够的，这就要靠政府财政的大力投入和支持。否则，只能从患者身上找出路。国际上中等发展中国家政府对医疗卫生事业的投入也远远大于中国。多年来，由于中国政府对医疗卫生部门的投入过少，医院为求生存、谋发展，不得不将资金不足的矛盾强加在老百姓身上，从而形成了“看病贵”“看病难”的被动局面，造成了医患关系日益恶化和矛盾的加深。近几年来，中国进行了一系列的医疗体制的改革，尽管取得了一定的成绩，但并未从根本上解决问题，这在一定程度上完全是因为政府资金投入过少而导致的。政府对其长期投入不足，导致医院在硬件建设跟不上群众的要求，医疗从业人员待遇偏低，医院逐渐偏向企业经营。因此，在医疗体制改革中，政府要加大资金投入，医院也要一起分担成本，绝不能让这些负担直接转嫁到患者身上。

促进医疗卫生事业的监管是深化卫生改革、保证医疗卫生工作健康发展的重要环节。通过医疗卫生监管和维护良好的医疗服务市场，是深化和实施医疗卫生体制改革的重要举措。各相关医疗卫生执法部门要进一步统一思想，充分认识整合和维护良好医疗服务市场秩序的意义，把其作为执政为民的重要工作，作为维护人民群众健康发展的重要举措。面对目前医疗卫生事业市场化改革趋势所带来的各种问题，政府应切实加强医疗卫生服务和质量监管，加强医疗卫生机构的准入和运行。完善医疗卫生服务的标准和质量评价体系，规范管理的制度和工作的流程，加快制定统一诊疗规范，健全医疗卫生服务质量监测网络。要从源头把关，清理和整顿不符合标准的医疗卫生机构。通过多种监管，及时发现和解决问题，将问题消灭在萌芽状态中。

政府要尽快建立和完善全民参与、全民享用的医疗保障体系。在2009 年 1 月，国务院常务会议审议并通过了《关于深化医药卫生体制改革的意见》。随后征集各方意见并做了重大修改，于 2009 年 4 月 6 日正式出台。“它是针对我国内地的基本医疗卫生供给不足与分布不均衡而提出来的一项改革。”新医改方案的重点是要落实医疗卫生工作的公益性质，调动各利益方的积极性，维护人民群众健康权益，基本实现公共医疗卫生服务均等化的目标。当然，这一改革方案只是指导性的建议，还要不断地完善和细化。我们有理由相信，在新医改方案的指导下，我国的医疗卫生事业一定是朝着正确的方向健康向前发展。

第三节　云南省民族自治地方医疗卫生事业发展改革存在的问题

当前，我国少数民族地区医疗卫生事业状况总体上仍然比较薄弱。通过在云南省民族自治地方的实地调查，调查组发现当地的医疗卫生工作存在一些不足，医疗卫生服务工作体系有待于进一步完善。

一　医疗卫生服务效率低下

在我国实行农村行政区改革，调整、撤乡并镇以及镇镇合并的社会大背景下，一些乡镇卫生院往往设置重复，导致效率低下。各地区乡镇医院的业务量不多，加上服务的利用率偏低，大约有 70% 的乡镇医院呈现出亏损或严重亏损的局面。县、乡、村三级医疗机构药品收入分别占总收入的比例不高，这种补偿机制也没有给农民减轻多少负担。例如，在云南省丽江市宁蒗彝族自治县，由于其本身的地理位置特殊，老百姓居住相对分散，这种情况更加重了当地医疗卫生服务效率的低下。只有个别乡镇卫生院的效益不差，而这更多地得益于该乡镇的人口比较集中。

二　医疗卫生资源配置不合理

现行的医疗卫生机构设置多数是以行政区划为标准，在县级卫生机构重复设置，但医疗水平较差，医疗设备又落后，并没有达到县级医院应有的技术水平。医疗卫生主管部门也没有考虑到民族地区地广人稀、山高路远、交通不便等因素，导致县一级卫生资源相对过剩，而偏远乡村又缺医少药，一些急性危重病人往往因得不到就近的医疗救治导致延误或死亡。这种情况在宁蒗彝族自治县表现得非常明显，该县医院的医疗服务水平只能达到发达地区乡镇医院所具备的水平，没有发挥县级医院该有的作用，导致该县的一些患者远到丽江、昆明等一些大城市治疗，这毫无疑问加重了普通老百姓的负担。当然，县医院也想尽各种办法，采取了一些留住患者的措施，但终究是治标不治本，更没有按照县级医院发展的趋势去规划。

三　合作医疗覆盖率低

推广合作医疗是解决民族地区因病致贫的有效途径，但是由于各种原因，合作医疗的覆盖率还比较低，因此防御风险的能力还相对偏弱，在筹资和管理上还存在较多的困难。比如在宁蒗彝族自治县，这个问题主要表现在两个方面：一方面是由于医院的积极性不高，当地政府把合作医疗的有关事务委托给医院，但是拨款给医院的财政经费并没有增加，当地医院根本不愿意先垫出自己的钱替政府去办事；另一方面原因是老百姓的认可度有待提高，有相当一部分农民对合作医疗的认识还不够，导致参与的积极性也不是很高。当然，通过近几年的努力，合作医疗的覆盖率已经得到了极大提高。

四　县、乡、村三级卫生服务网有待完善

县、乡、村三级医疗卫生保健网是我国卫生体系的显著特点，“合作医疗、赤脚医生、县乡村三级预防保健网”是我国农村医疗卫生的“三大法宝”。但在当前医疗卫生体制改革的背景下，这个模式却遇到了前所未有的挑战。在宁蒗彝族自治县的部分卫生院中，有三分之一不错，有三分之一是勉强维持，还有三分之一基本瘫痪。因为管理体制不完善、市场因素影响和历史背景等多种原因，宁蒗彝族自治县医院存在财政缺少支持、业务管理能力不足和专业技术人员偏少等问题，客观上没有起到“三级预防保健网”的作用，而村卫生室基本上处于“关闭”状态。除此之外，县级医疗卫生部门也缺少对三级

网的必要调节和监督。

五　基层医疗卫生队伍建设有待加强

以课题组所调查的宁蒗彝族自治县为例，多数乡村医生综合素质普遍不高，初高中文化占有大量比例，因此对于医护人员的培训任务显得比较有必要。从结构上来说，队伍也不稳定、人员流失现象严重。在年龄结构上看，老中青比例不均衡，尚未形成合理的梯队，乡村医生在本地区对老百姓的医疗救治很难发挥应有的作用。在调研过程中，一些政府领导，还有各级医疗卫生机构，都反映出政府财政“揭不开锅”的现象，对医疗卫生工作投入严重不足，已经形成人才断档的危机。然而更为严峻的危机是，各级医疗卫生机构的占用编制现象比较突出，有些医院工作人员存在长期人不在岗，但仍然占有医院人员编制的情况。追究其原因，一方面是因为人才难求，另一方面是对周围有才华的人又不予重用。因此，在现有的人才管理体制下，急需的人才又无法引进，这不仅仅是政府投入不足这么简单，更多的则是属于人才管理体制问题。

六　政府财政投入不足与结构不合理并存

政府用于医疗卫生工作的财政投入不足与投入结构不够合理，这突出表现为在以下几个方面。第一，政府的财政投入主要是用于医疗工作人员工资待遇。目前，以课题组所掌握的宁蒗彝族自治县相关信息，在2013年，宁蒗彝族自治县政府在医疗卫生事业方面的投入只占到GDP的5.2%，县政府相关领导说这些投入主要是用于工作人员的工资，但即便如此，收入也仍然还有较大提高空间。现实的例子是，宁蒗彝族自治县卫生局一负责人这样介绍：“预防防疫工作防疫站和妇幼保健所是给100%的工资，而且没有公务费，公务活动都需要财政（另外）给一部分，或者从他们的业务收入中取得，政府只能给工资。宁蒗彝族自治县医院给70%的工资，就是工资总额的70%，剩下的30%只能自己挣，导致所有的活动费用都是从员工的业务收入里扣，或者有些医院可以给到80%，比县医院高10个百分点，仍不能解决实际问题。”而宁蒗彝族自治县卫生系统编制已经达到国家、自治区的相关要求。在调研的过程中课题组还注意到，各医疗卫生机构的楼宇都盖得非常漂亮，如妇幼保健所的大楼、县医院的楼房均花了大量资金，在乡镇卫生院标准化建设上，较多经费花在了基础建设上，但在预防保健、健康教育和医疗设备等方面投入则明显不足。医疗卫生工作的资金投入和卫生机构的设置密切相关。在课题组调研的地方自治区，卫生服务机构设置的总体特点可以这样概括——“麻雀虽小，五脏俱全”。在县直属的卫生医疗机构功能上，也很多的重叠之处，如宁蒗彝族自治县医院虽然是综合性医院，但在职能上与乡镇医院功能相似。而其他医疗机构大多是单独设立的，虽然也有自身的行政领导机构，但工资大部分还是需要政府来负担，医疗卫生机构不集中而且功能上存在重叠，这无形中导致了医疗资源的不集中，造成了政府投资的效率不高，浪费现象时有发生，也并不能产生预期的社会效益。事实上，政府的投资从总量上来看并不算少，但由于结构性不合理，被各机构分散后，任何一家组织都感觉政府投入不足。

七　专业人员技术服务成本较大

云南民族自治地方由于受经济发展水平的制约，与发达地区相比，尤其是沿海发达地区在医疗卫生工作发展方面差距很大。农村地区医疗卫生机构规模不大，所拥有的先进性设备明显低于东中部地区，影响其服务能力的提升。农村医疗卫生机构技术人员整体素质低下，高学历的医疗卫生技术人员缺乏，管理人员水平不高，影响机构的效率，这个问题在云南民族自治地方尤为突出。另外，云南农村地区交通不便，老百姓出行相对困难，更需要有足够数量的卫生技术人员，能深入到一线去开展医疗卫生服务工作。在云南民族自治地方，尤其是农村的医疗卫生人员数量偏少，与全国平均水平相比差距较大。以农村新型合作医疗为例，这个任务是主要由乡镇卫生院来承担，但宁蒗彝族自治县地区地广人稀，老百姓一家一户又比较分散，不同于我们所理解的传统村庄。该地区农民新型合作医疗的参合款，主要是由乡镇卫生院来收取，而特殊的地理条件，卫生院在收取这部分费用的时候，还存在一定的困难，找到了他们要找的农民，但有些农民又不愿意缴纳。这样，工作人员还必须挨家挨户去收取农民10元的参合费，工作人员付出的成本往往是很大的。目前当地政府把收取农民参合费的任务，下拨到各乡镇卫生院，在这个过程中所产生的成本，上级政府不再承担，而卫生院有怨不敢言。导致多数卫生院对于农民的新型合作医疗参加的积极性不高，甚至有的卫生院认为新型农村合作医疗给他们医院带来困难。然而，中国行政体制强大的领导能力，把完成此项任务当成行政工作的一部分，所以乡镇卫生院尽管有许多怨言，但还得把这件事情当成任务去完成，只是积极性没有那么高而已。当然，这样的参合费收缴方式成本很大，课题组建议当条件成熟时，可以考虑通过银行代收的方式来降低成本。

八　医疗卫生基础软硬件较差与配置浪费共存

调查中课题组了解到，许多民族自治地方政府的财政收入是非常有限的，用于医疗卫生服务的资金更是可想而知。各医疗卫生机构都觉得自己的医疗设备完全不能满足现有的需要。我们调查到的县直属医疗卫生单位，虽然均建起了办公场所，购买了相关设备，但是财政赤字现象存在，目前是负债累累，还贷压力形势严峻，而有些乡镇卫生院急需新建必要楼宇、购置基本医疗设备。县级医院的资源配置不合理，医疗设备比较差，设备不够齐全，债务多导致财力有限，收入也不高，这些都是乡镇卫生院普遍存在的现象。而目前政府正在搞乡镇卫生院的标准化建设，但愿这些设备都能慢慢得到妥善的安排。

我们也同样看到，医疗资源的浪费情况也同样存在。比如某县医院有一套价值不菲的空气净化和生物安全柜设备，但目前仍然放在医院的大厅内无人问津，这是医院职工集资购买的，用了近3年时间才还清贷款。如何合理配置来之不易的医疗设备和资源，这值得当下相关部门深思。综合考察民族地区医疗卫生工作后可以发现，改革开放以来，我国少数民族地区农村医疗卫生事业取得了迅猛发展，突出表现在政府干预比较有力，尤其是在卫生条件的改善、基本卫生设施的购买和医疗保障制度等建设方面，政府的作用是积极的且效果显著的。不仅建立了能够基本满足农民健康需要，比较完善的卫生服务体系，县、乡、村三级医疗卫生网络基本建立，医疗卫生质量和防治传染疾病能力在一定层面得到改善。基本消灭和控制了鼠疫、麻风病等高发传染病、流行病一些严重危害人民健康的地方病。民族地区医疗卫生事业的管理网络与管理制度不断提高。同时，云南民族自治地方在医疗卫生建设中，也存在着不少问题，突出表现为医疗卫生服务效率低下、合作医疗覆盖率不高、（县、乡、村）三级卫生服务网络有待完善、乡村医生队伍建设急需加强、医疗卫生资源配置不合理、医疗卫生事业后力不足、医疗卫生机构烦琐、政府用于医疗卫生服务的资金不足、政府医疗卫生投入结构不协调、专业技术人员缺乏、医疗服务成本较大、卫生基础设施较差、医疗设施简陋、医疗设备的配套不到位与设备浪费的情况共存等问题。

第四节　云南省民族自治地方医疗卫生事业改革发展的对策建议

党的十九大报告指出，人民健康是民族昌盛和国家富强的重要标志。要完善国民健康政策，为人民群众提供全方位全周期健康服务。深化医药卫生体制改革，全面建立中国特色基本医疗卫生制度、医疗保障制度和优质高效的医疗卫生服务体系，健全现代医院管理制度。加强基层医疗卫生服务体系和全科医生队伍建设。全面取消以药养医，健全药品供应保障制度。坚持预防为主，深入开展爱国卫生运动，倡导健康文明生活方式，预防控制重大疾病。实施食品安全战略，让人民吃得放心。坚持中西医并重，传承发展中医药事业。支持社会办医，发展健康产业。促进生育政策和相关经济社会政策配套衔接，加强人口发展战略研究。积极应对人口老龄化，构建养老、孝老、敬老政策体系和社会环境，推进医养结合，加快老龄事业和产业发展。结合课题组的调查材料，我们认为云南民族自治地方还要从以下几个方面进行改革发展医疗卫生事业。

一 政府应树立起为社会提供公共服务的理念

政府的工作是多个方面的，经济只是其中的很小的部分，而更多的内容则应该是为社会提供更多的公共服务。政府只有通过提供优质的公共服务，才能够显示出自身存在的价值。因此，政府要强化公共服务理念，将自身定位成一个为公众和社会提供优质服务的公共产品的供应者，不断满足于人民群众对医疗卫生服务的需求，即政府要成为老百姓和社会提供公共服务的责任政府。然而，目前我国各级地方政府普遍存在严重的认识误区，即“一切以经济建设为中心”，只有等到经济水平发展上去了，财政收入有了较大的提高以后，才会考虑其他的工作。财政收入提高后，自然就人、财、力去开展一些公共事业。所以，各级地方政府的最大动力莫过于搞经济建设，这就导致了各级地方政府在提供公共产品的时候心有余而力不足。实际上，医疗卫生产品是否完全由政府来供给，这并不取决于经济发展的水平，更多的是与政府的执政理念有关，即“全心全力为人民服务”的理念。这从我国医疗卫生事业发展的历程也可以得到证明，在 20 世纪 70 年代，当地政府把工作重点放在预防和消除传染病方面，尤其是加强农村地区的医疗卫生工作，通过大力开展爱国卫生教育，采用低成本的医疗卫生技术大力推广中药，初步建立基本的医疗服务队伍，使农村地区形成了比较完善的初级的、低成本的公共医疗卫生体系，创造了医疗卫生保障建设方面的“中国经验”。到 80 年代末，中国的医疗保障几乎覆盖了所有的城市和 80% 的农村人口，这在全世界的发展中国家中创造了举世瞩目的成就，进而广大城乡居民尤其是普通民众，无须支付高额费用就能享受到基本的医疗卫生服务。尽管政府在医疗卫生工作方面的投入并不太高，但政府在医疗卫生技术、基础设施建设、人员学习培训、预防宣传等方面的作用十分突出，极大提高了医疗卫生服务的普及性和公平性，基本上控制了严重危害老百姓健康的疾病，在一定程度上改善了中国民众的健康状况。

具体到课题组进行调研的地方，也存在一样的误区。当地政府对工作的重点完全放在经济建设和发展投资上，公共医疗卫生工作的开展主要是在消极地“响应国家号召”，坐等国家的拨款、等待项目的支持，上一级政府要求配套的资金，多数也是形式上的配套而并非实质上的支持，地方财政更不愿意拿出经费去开展医疗卫生服务，而把责任推卸给上级政府要求加大投入。按照目前公共政策理论来说，政府的职责应该是为大众提供公共服务的，但在中央和地方分税制的税务体制下，地方政府演变成了一个类似于“逐利”的组织，它们有自身的经济利益追求，也通过自己掌握的强大资源来获取所需。然而，公共医疗服务是要求政府拿钱出来，它们自然就不会很喜欢，公共医疗卫生不完全是政府主动去承担的责任和义务。因此，各级政府要真正树立起“全心全意为人民服务”的理念，不仅仅以经济建设为中心，更要促进医疗卫生事业的发展。

二　政府要保证政策的连续性与稳定性

目前的地方政府在具体行政中，主要有两个问题要解决，如果这些问题解决不好，政府的效率和形象就会大打折扣。

一是政府要树立诚信的形象。如果政府对于民众的承诺不能落实到位，政府的政令是否畅通、能否得到老百姓的拥护，这不能通过强制性的行政命令实现，更是取决于政府的信誉。课题组在调研的过程中听到这样的事情：2008 年夏天，宁蒗彝族自治县一些地区发现了流行病，于是各地方政府号召养家禽的农户，把自己家饲养的家禽全部杀掉，并承诺政府会给予一定的补偿。但疫情过去以后，农户要求政府补偿，但政府却拿不出这笔钱。最后这件事只能不了了之，这导致的后果是农民不再相信政府，觉得政府失信于老百姓。目前，我国各级地方政府在老百姓心中的信誉有所下降，如果政府总是朝令夕改，对百姓许下的诺言时常不能兑现，那么民众对于政府的信任程度将继续下降。加上以前政府以各种原因对民众进行变相收费，在开展农村新型合作医疗时，本需要农民缴纳自己应当承担的那部分费用时，农民却不相信政府是在为老百姓做事，认为政府无非是在乱收费，因此缴费的积极性不高。这直接导致了乡镇卫生院在参合费收取上的困难，无疑加大了行政管理的成本。

二是政府在行政管理的中，要从制度层面保证政策的连续性。政府的一系列政策不能朝令夕改，不能因为领导人的变化而改变。中国各级政府存在一些潜规则，即上任相关领导留下的问题，与此任领导基本无关，政府领导的决策往往缺乏制度保障，各任领导有各任领导的工作方式。这种现象造成了国家政策法规缺乏连续性，也造成了政府的公信力下降，最终有令不行、行而无果、半途而废，政府政策的预期目标也难以实现。政府行为不应该是个人行为，政府的各项政策应该有制度上的保障，政府更是一个诚信的政府。如果政策缺乏连续性，一项工作还没有执行完成就又有一套新的做法，这不仅加大了政府的行政成本，而且在政策执行的过程中也难免出现短视行为。

三 建立健全县、乡、村三级医疗卫生机构

就课题组调查到的情况来看，目前云南省民族自治地方的各级医疗卫生机构，普遍存在职能不清晰、功能不全面、服务能力较弱等现象，所以应对现有的县、乡、村三级卫生资源进行资源重组，健全县、乡、村三级的疾病控制、妇幼保健、健康教育机构。整合三级医疗机构网络，县、乡、村三级医疗机构要按照农村医疗卫生建设的原则，进行机构调整。县级医院要成立县级疾病预防控制中心、妇幼保健院和卫生监督执法所。乡级要强化乡镇卫生院的医疗卫生职能，把各项医疗卫生职能进行分解和细化，设立乡镇疾病控制科、妇幼保健科、卫生监督执法科。村级要设立村卫生所，村卫生所要健全疾病控制、加强医疗卫生职能等。对于县、乡、村三级医疗卫生机构的工作人员，要规定结构，制定准入制度。对责任心不强、技术水平不高，特别是达不到执业要求的工作人员，要调离工作岗位，进行转岗、下岗分流

等。还要建立岗前、在岗培训制度，有计划地选派医务人员，到上级单位或高等医学院校进行学习和进修，不断提高医疗卫生队伍的整体素质。

四　进一步完善新型农村合作医疗制度

新型农村合作医疗制度的实行，首先要遵循社会公平的原则。社会公平就是要将农村居民同城镇居民一样，都能得到相应的基本医疗保障。从整体上来说，目前占中国人口 2/3 的农村居民，几乎处于没有相关的医疗保障的情况，但是为了社会的和谐发展，必须要考虑到农村的基本医疗保障问题，而云南少数民族地区的医疗保障问题则是相当严峻。中央政府以财政补助的方式，实施的新型农村合作医疗制度，体现政府的责任，参合农民的医疗负担，在一定程度上得到缓解，患者的医疗费用得到了相应的补贴。我们必须看到，新型合作医疗制度主要是以大病统筹为主，这种做法将合作医疗的重点，放在了解决农民因患大病而导致贫的情况上，保障水平明显提高，但在实际操作中出现覆盖面小的问题，严重地影响了农民参加合作医疗的积极性。相比于东部发达地区，云南民族自治地方农民的保障意识和抵御风险的能力较差，这主要跟老百姓的认识水平有很大关系。因此，新型农村合作医疗要综合考虑各地经济发展水平和农民实际的经济承受能力，建立起多层次的、多类型的合作医疗制度。不仅如此，在推行合作医疗的过程中，还必须加大宣传预防保健的力度。从某种程度上说，预防保健制度对少数民族地区来说，要比合作医疗制度更为重要，因为合作医疗制度本质上属于补偿机制，相对于医疗花费、补偿的费用，对农民来说更是一个沉重的负担，本质上治标不治本。

五　坚持医疗卫生工作的公益性

社会主义市场经济条件下，公共医疗卫生事业必须突出公益性。在资源相对稀缺、经济比较落后的民族地区，坚持医疗卫生的公益性是非常重要的。首先，从医疗卫生自身看，它是一种向全社会每位成员，提供健康需求的特殊服务。而医疗卫生服务的性质本身，决定了必须为全社会的健康服务，因而这是一项公益性的工作。在社会主义制度下，医疗卫生服务的对象是全体人民，并不仅仅是为一部分特殊人而服务的。其次，从政府公共服务层面来看，医疗卫生工作涉及公共卫生、疾病预防、医疗宣传等方面，这些都是政府公共服务的重要内容之一。我国政府是代表人民大众的政府，随着政府职能的进一步转变，更加重视公共服务，更加重视发展医疗卫生事业。最后，从社会发展层面看，衡量一个国家文明进步的程度，其中最重要的标志就是医疗卫生事业发展的高低。发展医疗卫生事业，提高人民健康水平，这是与科技、教育、文化、生态并列的社会事业，不可缺少的重要组成部分，是各级党委“全心全意为人民服务宗旨”的具体体现，是构建社会主义和谐社会的基本要求。医疗卫生服务工作的公益性，并不排斥运用市场经营的办法来实现，因为医疗需求本身具有不同层次性，它既要满足基本医疗服务的需求，又要满足舒适型的医疗服务需求。但即使采用市场化的方式，政府也必须履行市场监管责任，严格医疗机构、技术准入等资格审核，监督医疗机构是否依法规范经营，防止唯利是图的现象损害患者的利益，从而破坏正常的市场秩序，并影响到整个医疗卫生事业的发展。

2012 年全国人民代表大会召开前夕，新华网组织了一次随机调查，结果显示：加快医疗体制改革、解决“看病难”的问题，以绝对优势居于网民关注度的首位。毫无疑问，人们对医疗卫生的改革十分期待。各级政府必须要进一步深化医疗卫生体制改革，强化政府责任、严格监督管理，建设全面覆盖城乡居民的医疗卫生制度，为老百姓提供安全、有效、方便的公共医疗服务。推进医疗卫生事业发展，是政府全面履行职责的重要指标，是建设和谐社会的重要内容之一。在全国初步建成医疗社会保障制度，尤其是在少数民族自治地方，覆盖城乡居民的基本卫生保健制度体系，包括新型农村合作医疗制度、比较规范的医疗卫生服务流程和县、乡、村三级医疗卫生服务体系、相对规范的基本药品制度、比较完善的城市社区卫生服务体系和私立医院管理制度，形成人人享有公共卫生和基本医疗服务，不断提高人民群众的健康水平。

六　提高老百姓的保健意识

医疗卫生工作不仅要治疗，更重要的是加强预防和保健，防患于未然，这样可以起到事半功倍的效果。课题组所调查的地区是以彝族为主的民族地区，该地区有严重的乙肝慢性病，虽然这样的情况和整个社会的疾病流行趋势是一致的，但在该地区表现得更为严重一些。宁蒗彝族自治县在饮食习惯上具有以下三大突出特征：一是彝族人民是热情、好客的民族，饮酒普遍，有历史悠久的“酒文化”；二是当地居民在饮食习惯上以肉食为主，日常饮食中缺少蔬菜；三是使用盐的量大，口味偏咸，一日三餐都离不来腌制食品。以上三个特点均是导致乙肝慢性病、高血压等病的主要因素，不仅如此，这个地区近年来高血压、糖尿病的发病率也很高。而这类疾病的花费通常都比较大，但它们又都是可以预防的，预防的关键是加强宣传和教育，倡导良好的饮食习惯和生活习惯。但此观点说起来容易，做起来却有相当的难度。宁蒗彝族自治县卫生局局长、县医院院长等人都表示，其实老百姓自己也知道，但是受当地生活条件制约难以改变（本地的主要食品是肉食），还有的老年人说祖祖辈辈都这样吃了子孙也没有什么事，所以他们很难听进去医生讲的意见，或者虽然相信是这样，但迫于生活习惯依然如此。可见，改变一种传统文化下养成的生活习惯，它的难度是相当大的。也正由于这个原因事关百姓的健康，所以，虽然难度大，但仍然需要政府尤其是以预防为主来加大宣传力度，移风易俗。

七　改革对于医疗卫生机构的人员管理制度

地方政府在对自己所属的医疗卫生服务机构进行监管时，一般采用的办法主要是两个方面：一方面是因为政府控制人员编制，定工作岗位、定工资水平；另一方面是政府认为各医疗机构本身存在医疗行为，有自己的业务收入，所以并不全额发放工资，而是差额发放。但是，政府在收取职工的住房公积金及社会保障金时，又是按照全额工资来收取的，导致各级医疗卫生机构都认为自己的工作压力大，既要承担公共医疗卫生服务，又要满足工作人员的吃饭问题。这样，各医疗机构就把自己首先定位于一个“盈利”机构，而不是把替政府向社会公众提供医疗服务放在首位。另外，政府根据医疗服务机构的人员和编制，制定各级医疗机构的服务范围。但实际上，政府所定的人员编制和实际的需求之间，往往会有很大的脱节，所以，各医疗机构普遍存在超编的情况。在调查中，课题组还发现，各医疗机构在用人问题上，本身并没有很大的自主权，有些想引进的人才，由于编制限制而来不了，有些不想要的人员却长期占用着医院的编制，由此造成了一系列的问题。

课题组建议给各级医疗卫生部门，比如医院、卫生院的院长充分的用人自主权，由医院根据自身的情况来确定人才的需求，政府只是制定进入卫生机构的宏观参考，标准和编制的制定过程，可以广泛征求基层卫生院的意见；而具体用人、人员的编制等则让各级医疗卫生机构，根据标准来选择和确定，对所用人员实行聘任制，把对职工的人事管理由身份管理变为岗位管理，各单位根据自身功能、任务和社会需求合理设置岗位，明确岗位职责，实行逐级聘用制和竞聘上岗制度。这样，把用人的权力下放给医院，不仅可以避免严重冗员的情况，还能使各医疗机构根据自己的需要来聘用人员，不仅提高了医院和卫生院的效率，又为政府节省大笔开支，把有限的资金运用到真正需要的地方，进而加强各级卫生机构的自我发展和完善的能力。

八　公共医疗卫生服务提供方式多元化

目前，中国农村新型合作医疗的开展，主要由乡镇卫生院负责实施，与此相对应的乡镇卫生院的管理体制，则由原来的“乡办乡管”变为现在的“县办县管”，由县卫生局进行垂直管理，其他的医疗机构不承担合作医疗工作。

就课题组调查的地方来说，其本身的地区差异很大，有些地方地广人稀，少数地方人口相对比较集中，而乡镇卫生院的情况不尽相同。对于自己所承担的合作医疗工作，不同的乡镇卫生院，亦有完全不同的感受。某卫生院的院长说："合作医疗把我们搞穷了。"这个卫生院原来效益好，相对其他地区来说人口集中、服务数量大、医生的技术水平高，在当地有着不可替代的作用。但是，由于承担合作医疗，他们必须花大量的时间和精力去收缴农民的参合费，还要给农民报销医药费，这些工作非常琐碎、耗时，院长认为影响了他们正常的医疗工作，进而影响到医院的经济效益。而另一家卫生院由于服务人口少、效益差，在承担公共医疗卫生之前几乎难以为继、入不敷出，工作人员没有工资可发，一度回家种田。而承担合作医疗后，政府拨款把原来破旧的门诊房进行了翻修，人员的工资有了着落，在政府资金的支持下，这个卫生院才得以正常运行和维持，所以这个卫生院非常愿意承担合作医疗工作。

可以说，公共医疗卫生服务应该由政府来承担，并不意味着由政府垄断所有的卫生资源、提供所有的医疗卫生服务。鉴于乡镇卫生院的多元化生存状况，在让它们承担公共医疗卫生服务的时候，形式也应该是多元的，而非单一模式。对于那些效益不好的卫生院，它们必须依赖于国家的公共医疗卫生经费来维持，但对于那些效益好的卫生院，合作医疗工作就成为"负担"了，那么，国家可以对公共医疗卫生服务进行定价，通过向这些乡镇卫生院购买公共卫生服务的方式来获得。还有些私人诊所也非常愿意做这部分的工作，但目前政府严格限制私人诊所参与进来。因此，如果实行公共医疗卫生服务能够提供多种主体和各种方式，同时积极引导和鼓励个体诊所参与进来，既能保证公共产品的有效供给，又能使社会资源得到合理的运用，还能弥补政府财政能力不足所带来的问题。

九　改革中央政府的资金分配形式

地方政府对于国家的希望，在于有项目支持，即国家出资金和项目，地方政府负责具体的实施，将国家的政策和项目落实下去。但是，目前国家项目支持所采用的方式，是需要地方相应的资金匹配，即国家拿一部分，然后地方配套一定比例，以此调动地方对医疗卫生工作的重视程度。但是“地方配套”现实中往往实现不了，尤其是对于云南的少数民族地区和落后地区，他们认为政府财政太困难了。宁蒗彝族自治县某卫生局的局长说：“我们建议在一些比较贫困的民族地区，就不要提倡地方来配套了，地方配套全部是假的，他都给你做一些表面文章，我过去曾搞过，假如地方不配套那上面的项目就不给你，怎么办呢？得先把这个钱汇到你的账户上，等国家的钱下来，再把钱抽回来。都是假的！做一套假账，实际上没有用，贫困地区不可能拿得出来这部分钱。逼着地方政府造假，这就使得许多项目都投入到发达地区了，这种体制一定要改。”因此，国家项目要求地方资金配套的制度，是否适合民族地区？国家资金和项目应该如何向中西部的贫困地区和民族地区倾斜？是否像地方政府期待的那样全部由国家出资金来发展公共医疗卫生事业？这些问题都值得我们进一步商榷和讨论。

从我国民族地区医疗卫生服务体系的发展历程来看，这一体系的建设与发展当然离不开政府的干预，有政府的积极参与和财政支持，民族地区的医疗卫生服务体系才可以快速发展。从某种程度上说，民族落后地区比城镇更需要国家在医疗保障方面的支持与保护，因为居民的收入水平低，集资也是民族地区医疗卫生工作的重中之重。政府应该从财税体制改革入手，建立公共卫生服务的资金转移支付制度，发挥中央财政的作用，从而保证地区间基本公共医疗卫生支出的财力平衡。国家还应该重点支持弱势人口获得基本的医疗保健，从而最终使城乡和不同地区的居民，尤其是云南民族自治地方农村地区，能够公平地享受基本公共卫生服务，促进地区和城乡间的公平发展。有学者提出可以发行公共医疗卫生国债，用于重大传染性疾病的防治、农村医疗卫生服务体系和医疗卫生信息系统的建立。另外，还可以吸收社会资金，用于农村医疗卫生服务体系的建设，当然具体措施还需要进一步探索。总之，新建立的筹资机制必须是有效且持续的，不能变成政府的短期行为。鉴于此，应该改变对民族地区公共医疗卫生事业资金的投入机制。公共医疗卫生产品的生产及其组合，决定了相应资金来源的多元化，发展云南民族地区公共医疗卫生事业，可以采取以政府公共支出为主和社会投资为辅的集资模式。公共支出要坚持公平、公正、公开和效益最大化的原则，而非公共支出则要按照非营利、安全原则进行。

通过实地调查研究发现，政府一方面为广大的农民提供了有关卫生防疫、妇幼保健及农村新型合作医疗方面的基本公共卫生服务，但同时，政府面临着一系列的发展困境和问题，比如医疗卫生事业后继无人和医疗卫生机构冗员的情况并存；医疗设备配备不到位与设备浪费的情况并存；政府用于医疗卫生服务的财政投入不足与投资结构不合理的情况并存；农民参加合作医疗的成本过高等。改变困境的当务之急是提高政府的公信力，明确政府的职能定位，合理的配置医疗卫生资源，改革现行的医疗卫生人事制度，实行公共医疗卫生服务提供主体和方式的多元化等，从而为公众提供更好的公共卫生服务。

随着社会的进步和人民生活水平的提高，人民的健康生活越来越受到关注，在当前老百姓看病贵、看病难问题突出的情况下，各级党委和政府非常重视这一问题的解决。2017 年政府工作报告中，李克强总理强调要推进健康中国建设。城乡居民医保财政补助由每人每年 420 元提高到 450 元，同步提高个人缴费标准，扩大用药保障范围。在全国推进医保信息联网，实现异地就医住院费用直接结算。完善大病保险制度，提高保障水平。全面启动多种形式的医疗联合体建设试点，三级公立医院要全部参与并发挥引领作用，建立促进优质医疗资源上下贯通的考核和激励机制，增强基层服务能力，方便群众就近就医。分级诊疗试点和家庭签约服务扩大到 85% 以上地市。继续提高基本公共卫生服务经费补助标准。及时公开透明有效应对公共卫生事件。保护和调动医务人员积极性。构建和谐医患关系。适应实施全面两孩政策，加强生育医疗保健服务。支持中医药、民族医药事业发展。食品药品安全事关人民健康，必须管得严而又严。要完善监管体制机制，充实基层监管力量，夯实各方责任，坚持源头控制、产管并重、重典治乱，坚决把好人民群众饮食用药安全的每一道关口。各级政府都积极行动，按照国务院要求开展健康中国建设。

近些年来，随着我国政府职能的转变，政府越来越重视对于公共服务的提供，越来越重视社会的和谐发展。民族地区公共医疗卫生事业已经有了一个较好的进步和发展，取得了重要的成就，我们有理由相信，未来会更加美好。

第六章

坚持和完善民族区域自治制度，促进边疆民族自治地方公共事业发展

第一节　民族区域自治制度是历史的必然选择

一　民族区域自治制度在我国的探索

在中国历史上，历代中央政权对少数民族和民族地区的统治往往采取“以夷制夷”和“因俗而治”的政策方略，换句话说，就是边疆少数民族只要承认中央王朝，接受国家的政治统一，那么，边疆民族地区可以保持原有的社会制度和文化形态。即使是中央王朝在边疆地区设立政权机关，也仅仅是管理军政事务。例如，清朝中央政权根据不同地区的民族特点，实施了不一样的治理和管理措施：盟旗制度，驻藏大臣措施、政教合一制度等分别在蒙古族地区和西藏实行。土司制度则在南方一些少数民族地区实行，起到了一定的促进作用。虽然民族关系没有现代意义上的平等，但是，从历史上看，不可否认的是，这些政策，为促进各民族之间的政治、经济和文化交流，不断增进各民族对中央政权的向心力和认同感有积极的作用。

中国共产党成立之后，共产党人充分运用马克思主义民族理论来分析和解决民族问题。在马克思主义民族理论的指导下，结合当时中国革命的实际情况，提出了要坚决反对国民党实行的民族压迫和民族歧视政策主张，坚持各民族之间的平等与团结的方针，要实行彻底的、真正的民族平等；同时，老一辈革命家们也在积极探索解决民族问题

的有效措施和办法。

（一）借鉴国际共运取得的成果，提出了民族区域自治的主张

民族问题是社会问题的一部分。毫无疑问，国际共产主义运动对中国的革命影响涉及方方面面，在解决民族问题方面，影响也非常深远。十月革命胜利后的1922年3月，阿塞拜疆、亚美尼亚、格鲁吉亚共和国相互缔结条约，成立了共和国联盟。1922年苏维埃社会主义共和国联盟宣布成立宣言和成立条约，规定各加盟共和国享有主权国家地位，拥有自由退出联盟的权利。到20世纪60年代，苏联包括15个加盟共和国，而加盟共和国境内有20个民族自治共和国、8个民族自治州和10个民族自治区。20世纪40年代中期，南斯拉夫、捷克斯洛伐克也仿效苏联，以民族划界建立联邦主体，并联合组成统一的联邦制国家。列宁曾多次指出，只有在个别的、特殊的情况下，才能“用比较松散的联邦制的统一代替一个国家政治上的完全统一”，[①] 并认为联邦制不是无产阶级国家政权的永久性结构形式，仅仅是向建立中央集权单一制国家的过渡形式。

国际共产主义运动不断取得成功，中国共产党开始借鉴苏联的成功经验，通过对我国当时国情和历史传统的充分了解，逐步认识到，苏联解决民族问题的成功经验不适应中国，尤其是通过建立联邦制国家的办法来解决民族问题。通过不断的调查研究和分析，老一代共产党人根据中国民族历史的发展、经济的发展和革命的发展，提出了民族区域自治政策，并将该政策付诸实践之中。1936年5月成立的陕甘宁豫海县回族自治政府，就是少数民族区域自治最早的实践之一。

在抗日战争时期，中国共产党在根据地内，对民族政策不断进行了调整，始终坚持实行民族之间的平等和团结政策，对民族区域自治作为重要的政策进行推行。例如，1938年10月，毛泽东提出，允许蒙、回、藏、苗、瑶、夷、番各民族与汉族有平等权利，在共同对日原则之下，有自己管理自己事务之权，同时与汉族联合建立统一的国

① 《列宁选集》第1卷，人民出版社1995年版。

家。对民族地区的管理事务、民族关系的调整、政府委员的设置等做了一些基本规定。把尊重各少数民族的文化、风俗习惯、语言文字作为制度推行。本次会议，已经把“民族区域自治制度”的重要内容进行了系统的阐述，可以说，这次会议是“民族区域自治”初步形成的重要标志。

1941 年 5 月，中共陕甘宁边区中央局提出、中共中央政治局批准的《陕甘宁边区施政纲领》第 17 条明确规定：“依据民族平等原则，实行蒙、回民族与汉族在政治、经济、文化上的平等权利，建立蒙、回民族的自治区，尊重蒙、回民族的宗教信仰与风俗习惯。”[①] 在这一政策的指导下，陕甘宁边区在 1941 年后建立了 5 个回民自治乡和 1 个蒙民自治区。这包括关中新正县一乡回民自治乡、九乡回民自治乡、定边县城关区新华街回民自治乡、陇东三岔回民自治乡、盐池县回六庄回民自治乡、城川蒙民自治区。此外，在安徽定远县二龙乡也建立了回民自治乡。[②] 这是我们党在革命根据地实施民族区域自治制度的一次重要尝试。

抗日战争胜利后，中国共产党继续实行民族平等政策，并明确提出在少数民族聚居区实行民族区域自治。1946 年 2 月 18 日，中共中央明确提出：“根据和平建国纲领要求民族平等自治，但不应提出独立自决口号。”[③] 1946 年 4 月 23 日，陕甘宁边区第三届参议会第一次大会通过的《陕甘宁边区宪法原则》规定：“边区人民不分民族，一律平等”，“人民为行使政治上各项自由权利，应受到政府的诱导与物质帮助”。还规定：“边区各少数民族，在居住集中地区，得划成民族区，组织民族自治政权，在不与省宪抵触原则下，得订立自治法

---

① 中央档案馆编：《中共中央文件选集》第 11 册，中共中央党校出版社 1986 年版。

② 见全国人大常委会秘书处秘书组、国家民委政法司编《中国民族区域自治法律法规通典》，“前言”，中央民族大学出版社 2002 年版。

③ 中共中央统战部编：《民族问题文献汇编》，中共中央党校出版社 1991 年版。

规。”[1] 实行民族区域自治法规，尽管还只是局限于部分地区，但这是以立法形式确立的民族区域自治，在中国共产党处理民族问题的历史上具有重要的意义。

（二）建立民族自治地方

1945 年，中央书记处发出《中共中央关于内蒙工作方针给晋察冀中央局的指示》提出：“对内蒙的基本方针，在目前是实行区域自治。”[2] 乌兰夫等人根据指示精神，努力团结当地各族人民，经过艰苦斗争和扎实工作，于 1947 年 4 月召开内蒙古人民代表会议，内蒙古自治政府正式成立。乌兰夫当选为内蒙古自治政府主席。这是新中国成立前在中华大地上创建的中国共产党领导的第一个省级边疆少数民族自治区。

全国解放以后，李维汉通过研究中国国情，对比了我国与苏联的实际情况，提出了我国不宜实行联邦制。其理由是：（一）苏联少数民族约占全国总人口的 47%，与俄罗斯民族相差不远。我国少数民族只占全国总人口的 6%，并且呈现出大分散小聚居的状态，汉族和少数民族之间以及几个少数民族之间往往相互杂居或交错聚居。（二）苏联实行联邦制是由当时的形势决定的。俄国经过二月革命和十月革命，许多民族实际上已经分离成为不同国家，不得不采取联邦制把按照苏维埃形式组成的各个国家联合起来，作为走向完全统一的过渡形式。我国则是各民族在中国共产党领导下由平等联合进行革命，到平等联合建立统一的人民共和国，并没有经过民族分离。因此，单一制的国家结构形式，更加符合中国的实际，在统一的国家内实行民族区域自治，更有利于民族平等原则的实现。中央采纳了这个意见。[3]

① 王培英编：《中国宪法文献通编》（修订版），中国民主法制出版社 2007 年版。

② 中央档案馆编：《中共中央文件选集》第十三册（一九四五——一九四七），中共中央党校出版社 1987 年版。

③ 江平：“前言”，载中共中央统战部编《民族问题文献汇编》，中共中央党校出版社 1991 年版。

1949年9月7日，周恩来同志在向政协代表作《关于人民政协的几个问题》的报告时提出："今天帝国主义者又想分裂我们的西藏、台湾甚至新疆，在这种情况下，我们希望各民族不要听帝国主义者的挑拨。为了这一点，我们国家的名称，叫中华人民共和国，而不叫联邦。……我们虽然不是联邦，但却主张民族区域自治，行使民族自治的权力。"①

《内蒙古人民代表会议宣言》郑重宣告："内蒙古自治政府是内蒙民族各阶层联合内蒙古区域内各民族，实行高度区域性自治的地方民主联合政府，并非独立自治政府。"② 内蒙古自治政府的成立，表明我国民族区域自治不仅仅是一种政策主张或建议，而且在事实上成为一种制度和实践。

内蒙古自治区的成立，是"我们党实施民族区域自治制度的一个范例，是马克思主义基本原理同我国民族实际相结合的一大创举，是我国民族关系史上的一座丰碑。"③ 具有重大意义，产生了深远的影响。

二　我国民族区域自治制度的正式确立

民族压迫制度随着中华人民共和国的成立而宣告结束，同时也标志着民族平等新时代的开始。相应地，民族区域自治制度也进入了新的发展阶段。我们党和国家继续强调实行民族团结和民族平等的方针，特别是根据我国的历史情况、民族关系、社会经济发展状况等，在少数民族聚居地区实行民族区域自治制度，这项制度分别载入了《共同纲领》和《中华人民共和国宪法》。

---

① 《周恩来统一战线文选》，人民出版社1984年版。

② 《乌兰夫传》编写组：《乌兰夫传》（1906—1988），中央文献出版社2007年版。

③ 曾庆红：《在内蒙古自治区成立六十周年庆祝大会上的讲话》，载国家民族事务委员会、中共中央文献研究室编《民族工作文献选编》，中央文献出版社2010年版。

（一）出台具有历史意义的《共同纲领》

《共同纲领》的颁布，标志着我国以法律的形式确认了党的民族政策，这成为新中国成立初期民族立法的基础。在《共同纲领》中，明确提出我国境内各民族的权利和义务一律平等。各民族要团结互助。周恩来在《关于〈中国人民政治协商会议共同纲领〉草案的起草经过和特点》中也指出：新民主主义民族政策的“基本精神是使中华人民共和国成为各民族友爱合作的大家庭，必须反对各民族的内部的公敌和外部的帝国主义。而在各民族的大家庭中，又必须经常反对大民族主义和狭隘民族主义的倾向”。[①]《共同纲领》的颁布实施，意味着民族区域自治制度从此在全国范围内正式推行。

在此之后，我国还陆续颁布了一些保障杂散居少数民族平等权利的规定。比如，1952 年 2 月政务院发布的“两个规定”，具有重要的影响力。其中《关于地方民族民主联合政府实施办法的决定》中指出，在民族杂居地区，即汉人占多数，少数民族人口占境内总人口 10% 以上的省（行署）、市、专区、县、区和乡（村），或少数民族人口虽未达到境内总人口的 10%，但民族关系显著，对行政发生多方面的影响者，都可建立民族民主联合政府。另外，《关于保障一切散居的少数民族成分享有民族平等权利的决定》的规定中提出，一切散居的少数民族成分的人民，均与当地汉族人民同样享有思想、通讯、宗教信仰、游行示威等的自由权，任何人不得加以干涉。

（二）民族区域自治制度形成

1952 年 2 月 22 日政务院第 125 次政务会议通过、1952 年 8 月 8 日中央人民政府委员会第 18 次会议批准施行的《民族区域自治实施纲要》，以《共同纲领》所确立的原则为依据，就民族区域自治问题作了详细规定。该实施纲要包括：“总则”“自治区”“自治机关”“自治权利”“自治区内的民族关系”“上级人民政府的领导原则”和“附则”，共 7 章、40 条。在第 4 条中规定：各少数民族聚居的地区可

---

① 《周恩来选集》上卷，人民出版社 1980 年版。

以根据实际情况，分别建立下列各种自治区：（1）以一个少数民族聚居区为基础而建立的自治区。（2）以一个大的少数民族聚居区为基础，并包括个别人口很少的其他少数民族聚居区所建立的自治区。包括在此种自治区内的各个人口很少的其他少数民族聚居区，均应实行区域自治。（3）以两个或多个少数民族聚居区为基础联合建立的自治区。此种自治区内各少数民族聚居区是否需要单独建立民族自治区，应视具体情况及有关民族的志愿而决定。

乌兰夫在关于该纲要的报告中专门就什么是民族的区域自治作了解释。他说："民族的区域自治是中华人民共和国领土之内的、在中央人民政府统一领导下的、遵循着中国人民政治协商会议共同纲领总道路前进的、以少数民族聚居区为基础的区域自治。"[①] 需要指出的是，实施纲要在"自治权利"一章中，详细规定了自治区的自治权利，涉及政治、经济、文化和生活各方面，具体包括民族语言文字的使用，民族干部的培养，本自治区财政的管理，本自治区的地方经济事业的自由发展，各民族的文化、教育、艺术和卫生事业的发展，公安部队和民兵的组织，本自治区单行法规的制定，等等。该实施纲要对民族区域自治制度的进一步确立和全面推行，发挥了积极作用。

中央人民政府根据《共同纲领》和《民族区域自治实施纲要》的规定，在全国范围内积极推行民族区域自治，陆续建立了一批自治州、自治县（旗）以及民族乡（镇），形成了三级地方自治的体系。

（三）民族区域自治制度写入《宪法》

1954 年颁布实施的《宪法》以国家根本大法的形式进一步肯定了民族区域自治制度。其中，第 3 条规定："各少数民族聚居的地方实行区域自治。各民族自治地方都是中华人民共和国不可分离的部分。"并且，该宪法第二章第五节中，一方面对民族自治地方的自治机关作了较为详尽的规定，把自治机关确定为自治区、自治州和自治县三级，

---

① 全国人大常委会秘书处秘书组、国家民委政法司编：《中国民族区域自治法律法规通典》，中央民族大学出版社 2002 年版。

并以民族乡为重要补充形式，这比起《民族区域自治实施纲要》笼统规定“自治区”，就更为科学合理。另一方面，又重申了《民族区域自治实施纲要》所规定的“自治权利”，使其具有了宪法地位，具有了更高的法律效力。

20 个世纪五六十年代，我国开始在少数民族聚居的地方全面推行民族区域自治。1955 年 10 月，新疆维吾尔自治区成立；1958 年 3 月，广西壮族自治区成立；1958 年 10 月，宁夏回族自治区成立；1965 年 9 月，西藏自治区成立。伴随着西藏自治区的正式成立，就在全国范围内结束了少数民族政治上的无权地位，全面实现了民族区域自治。这样，我国先后建立 5 个自治区，并延续至今。

（四）中国共产党对民族关系的认识

新中国成立以后，我们党十分强调各民族的平等，实行各民族的大团结。1950 年 7 月，邓小平同志在《关于西南少数民族》的讲话中指出：在中国历史上，“少数民族与汉族的隔阂是很深的”，要经过一个很长时间，“才能解除历史上大汉族主义造成的他们同汉族的隔阂。我们要做长期的工作，达到消除这种隔阂的目的”。“只有在消除民族隔阂的基础上，经过各族人民的共同努力，才能真正形成中华民族美好的大家庭”，实现各民族的大团结。①

1956 年和 1957 年，毛泽东在《论十大关系》和《关于正确处理人民内部矛盾的问题》等重要讲话中都强调必须搞好汉族和少数民族的关系，巩固各民族的团结。他指出：“我国少数民族有三千多万人，虽然只占全国总人口的百分之六，但是居住地区广大，约占全国总面积的百分之五十至六十。所以汉族和少数民族的关系一定要搞好。这个问题的关键是克服大汉族主义。在存在地方民族主义的少数民族中间，则应当同时克服地方民族主义。无论是大汉族主义或者地方民族主义，都不利于各族人民的团结，这是应当克服的一种人民内部的矛

① 《邓小平文选》第 1 卷，人民出版社 1994 年第 2 版。

盾。”[①] 核心就是强调国内各民族的团结。

新中国成立以后，我们党和国家除了制定大量的法律、政策和措施以外，在促进民族平等和民族团结方面还做了大量工作。主要有：一是开展批判大汉族主义、进行民族团结的教育。1953 年 3 月，毛泽东同志在起草的《中共中央关于批判大汉族主义思想的指示》中提出：“必须深刻批评我们党内在很多党员和干部中存在着的严重的大汉族主义思想”，[②] 在党内和人民中进行马克思主义关于民族问题的教育。二是引导进行社会改革。三是帮助少数民族地区发展经济和文化。四是大力培养少数民族干部。五是开展民族政策执行情况的大检查。第一次是在 1952 年年底至 1953 年上半年，第二次是在 1956 年年中至 1957 年 8 月，在各级共产党组织和各级政府的广大干部及人民中，进行了民族政策的大检查，有力地推动了党和国家民族政策的贯彻实施，极大地促进了民族团结。

三 民族区域自治制度的全面恢复与重新确立

十年动乱使我国的民族区域自治制度遭到严重破坏，少数民族中的许多干部和群众受到伤害。1978 年年底，党的十一届三中全会提出把党和国家工作重心转到经济建设上来的根本指导方针，从此我国进入了一个崭新的历史时期。相应地，民族工作也进入了新的发展时期。1981 年 4 月，党的十一届六中全会通过的《关于建国以来党的若干历史问题的决议》提出：“必须坚持实行民族区域自治，加强民族区域自治的法制建设，保障各少数民族地区根据本地实际情况贯彻执行党和国家政策的自主权。”[③]

1982 年《宪法》不仅重新确立了我国的民族方针政策，而且在深刻总结我国实行民族区域自治制度以来经验教训的基础上，全面恢复

---

① 《毛泽东文集》第 7 卷，人民出版社 1999 年版。

② 《毛泽东文集》第 6 卷，人民出版社 1999 年版。

③ 《关于建国以来党的若干历史问题的决议》，载国家民族事务委员会、中共中央文献研究室编《新时期民族工作文献选编》，中央文献出版社 1990 年版。

了1954年《宪法》有关该制度的原则和主要内容，并根据国家情况的变化增加新的内容，对民族区域自治制度进行了新的、更为完善的规定。在此基础上，第六届全国人大第二次会议于1984年5月31日审议通过《民族区域自治法》，这是我国第一部关于“民族区域自治”的专门法律。对我国民族区域自治制度30多年的经验和教训进行了总结和分析，使《宪法》关于民族区域自治的基本原则得到了具体体现，使得维护和发展我国社会主义民族关系进一步法律化、制度化。

（一）《宪法》中对民族区域自治制度的基本规定

第一，明确“各民族平等、团结和共同繁荣”的基本原则。中国共产党一贯主张，国内各民族不分大小一律平等，实行民族平等、民族团结和各民族共同繁荣的政策。1982年《宪法》中指出，中华人民共和国是在统一的多民族国家的基础上成立的。《宪法》还进一步规定：“平等、团结、互助的社会主义民族关系已经确立，并将继续加强。”正如彭真同志在《关于中华人民共和国宪法修改草案的报告》中所指出的：“实现各民族平等、团结和共同繁荣，是中国共产党和我们国家奉行的基本原则。”①

要实现各民族平等、团结和共同繁荣的目标，就必须反对大民族主义，因为它是损害民族团结的。《宪法》中也强调，我们要反对大民族主义，主要是大汉族主义，同时也要反对地方民族主义。当然，反对大民族主义和地方民族主义，都需要注意方式方法，划清思想认识问题与叛乱。“如同大民族主义一样，地方民族主义也是思想认识范围的问题，除了勾结外国势力进行叛乱和分裂活动的以外，都属于人民内部矛盾。反对大民族主义和地方民族主义应当正确地进行，主要靠思想教育和各项必要的政治、经济、文化措施。”②

第二，分裂活动的界限。彭真同志指出：进一步明确了民族区域自治制度。一是加重了分量，从条文数来看，1954年《宪法》关于民

① 彭真：《论新时期的社会主义民主与法制建设》，中央文献出版社1989年版。
② 同上。

族区域自治的条文是 6 条，1982 年《宪法》则增加到 11 条，增加了将近 1 倍。二是确立了原则。1982 年《宪法》第 4 条规定，各民族自治地方都是中华人民共和国不可分离的部分。

（二）《民族区域自治法》的主要规定

1982 年《宪法》的上述规定为新时期民族区域自治制度提供了宪法依据和法制基础。1984 年5 月31 日，六届全国人大二次会议审议通过的《民族区域自治法》，是“根据宪法关于民族区域自治的基本原则和规定，具体保障这个制度胜利实施的基本法律”。[①] 该法律由“序言”和 7 章组成，包括：“序言”“总则”“人民法院和人民检察院”“民族自治地方内的民族关系”“上级国家机关的领导和帮助”“附则”等共 67 条，自 1984 年 10 月 1 日起施行。

《民族区域自治法》在“序言”中宣示：民族区域自治是中国共产党运用马克思列宁主义解决我国民族问题的基本政策，是国家的一项重要政治制度。体现了国家充分尊重和保障各少数民族管理本民族内部事务权利的精神，体现了国家坚持实行各民族平等、团结和共同繁荣的原则。

这部基本法律对民族自治地方自治机关的自治权等作了进一步详细规定。第一，该法根据《宪法》规定的精神，除了规定民族自治地方的自治机关可以制定自治条例和单行条例外，还规定在不违背《宪法》和法律的原则下，有权采取特殊政策和灵活措施；同时规定，有与当地情况不符的地方，自治机关可以报经上级国家机关批准，变通执行或者停止执行。第二，该法对民族自治地方如何进行自主管理进行了细化，具有很强的可操作性。第三，该法对上级国家机关的帮助也作了具体规定。第四，该法对大量培养、配备少数民族干部、专业人才和技术工人等作了规定。

《森林法》《草原法》《矿产资源法》等法律都体现了上述规定的

① 全国人大常委会副委员长、全国人大民族委员会主任委员阿沛·阿旺晋美：《关于〈中华人民共和国民族区域自治法（草案）〉的说明》。

精神，即在民族自治地方进行开发建设要照顾自治地方的利益，做出有利于当地生产建设和人民生活改善的安排。

四 国家治理体制下的民族区域自治制度

发展必须紧紧围绕着民族和民族地区的发展阶段、发展道路和发展战略，充分体现全面、协调、可持续发展的要求。在发展中，“要促进各民族交往交流交融，以交往加深了解，以交流增进团结，以交融实现共同繁荣发展”。[①] 如何实现少数民族和民族地区的发展，促进中华民族伟大复兴，始终是学术界关注的焦点。“实践证明，这一制度符合我国国情和各族人民的根本利益，具有强大生命力。民族区域自治，作为我国多民族问题的一条基本经验不容置疑，作为我国的一项基本政治制度不容动摇，作为我国社会主义的一大政治优势不容削弱。”[②]

（一）现代国家治理体系

“现代民族国家的建立所产生的一项重大挑战，是如何在追求国家政治共同体的整合，维系主权统一的前提下，保存民族多样性，坚持多元文明融合与调整。”[③] 权利是每一个公民在参与国家政治活动时，可以证明身份和资格的一个标志。而权力则是国家进行资源分配和控制的手段，是权利实现的形式和保障。国家作为一个治理机器，在本质上“是一系列取得权力、分享权力、运作权力，以及限制权力的规则”。[④]

我们在进行国家的政治体系建构时，不仅要体现现代民主政治的公民政治权利的平等，在国家政治权力的结构中，还要充分考虑到国家政治公共体内各民族政治力量上的差距。公民政治权利平等可以在

---

① 施铭:《中央统战部部长杜青林深入云南调研》，云南网 2011 年 5 月 7 日。

② 金炳镐:《民族纲领政策文献汇编》，民族大学出版社 2006 年版。

③ 戴小明:《民族区域自治的宪政分析》，《中南民族大学学报》2004 年第 9 期。

④ 朱伦:《论民族共治的理论基础与基本原理》，《民族研究》2002 年第 2 期。

宪法上得到体现。但公民政治平等的权利必须通过国家政治权力的分配、权力的应用过程来实现。在现代民族国家建立时，各民族政治力量的对比直接影响到国家政治制度的设计和政治权力的分配。政治力量的对比，正如王浦劬指出的：政治权力形成的必要前提是政治力量的对比。在实际过程中，力量的对比关系可能呈现两种状态。一是均衡状态，它表明对比关系的双方在力量上是均等的，这种对比关系体现为一种均势关系。二是非均衡状态，它意味着一方的力量大于另一方。力量相对强大的一方对另一方是制约关系。均势关系中，力量仅仅是实力，而不是权力。而制约关系中相对强大的一方所获得的力量才是政治权力，这一方即成为政治权力的主体。[①] 联邦制国家制度的选择，体现了政治力量均势的对比状况。

美国在建国时，由于历史上没有建立过统一国家的历史，同时，作为一个移民国家，美国没有一个在国家政治力量对比中占主导的主体民族。十三块殖民地政治力量对比相当，政治较量十分激烈。华盛顿利用个人威望经过长时间的讨价还价，最后形成了美国的联邦共和制。在美国国家政治制度的设计中，就没有当地印第安人和其他民族的政治权利。在美国的政治历史发展中，公民的政治平等权利长期以来只存在于欧洲白色人种中。来自世界贫困落后地区的移民和当地的少数民族并没有能够享受到平等的公民政治权利。在欧洲白色人种以外的各个民族，包括中国移民的所谓公民平等政治权利，是经过长期斗争才逐步争取来的。

（二）我国国家治理背景

“中国各民族的起源和发展有着本土性、多元性、多样性的特点。距今四五千年前，中华大地上就形成了华夏、东夷、南蛮、西戎、北狄五大民族集团。各民族在发展中互相吸收，经过不断的迁徙、杂居、通婚和交流，逐步融合为一体，又不断产生新的民族。中国各民族形成和发展的情况虽然各不相同，但总的方向是发展成为统一的多民族

① 王浦劬：《政治学基础》，北京大学出版社1995年版。

国家。”①

从民族关系上看，战国到秦汉，中原同北方民族进行了长期胶着对峙。两晋时期，许多少数民族进入中原建立政权，五胡十六国中就有13个是少数民族建立政权。两宋时期，辽、金、西夏在广大地区建立了政权，与宋朝长期进行战争；明朝末年，满族在东北地区兴起，经过多年战争，终于入关，建立了清朝。尽管各民族在国家中的地位发生过根本性的变化，汉族和兄弟民族互相更换过统治地位，但汉族始终居于主体民族的地位。汉族不仅人口占国家的绝大多数，而且经济文化比较发达，对其他民族的影响十分突出。在国家政治地图上，各少数民族则处于“大杂居、小聚居”的分散状况，而且各少数民族处在不同的社会发展阶段。新中国的成立，从政治上消灭了阶级剥削和阶段压迫，为各民族平等创造了政治条件。

中国进入社会主义社会时，各民族还分别处在原始社会末期、奴隶社会、农奴制社会、封建社会早期等不同的社会发展阶段。历史所造成的脱胎差异，造成的与内地，特别是发达地区的发展差距，各民族之间经济社会发展不平衡的问题，不是一个短时期，或者可以通过国家力量尽快解决好的问题。各民族事实上的不平等直接影响到国家政治平等权利的实现。正如李维汉指出的：“当民族区域自治和民族民主联合政府已经普遍推行，民族平等权利已经在各方面实现，还不等于根本地解决了民族问题。民族问题的根本解决，有待于改变历史上遗留下来的各民族在政治上、经济上和文化上的落后状态。中华人民共和国的民族政策，在于保障各民族在政治、经济以及文化教育的建设事业，使他们能逐步改变其落后状态，逐步达到事实上的平等。”②

（三）民族区域自治制度是我国国家治理的必然选择

国家政治体系的形成，国家政治治理制度的选择，是从国家的政

---

① 中华人民共和国国务院新闻办公室：《中国的民族政策与各民族共同繁荣发展》，2009年9月。

② 李维汉：《统一战线问题与民族问题》，人民出版社1982年版。

治力量对比的实际情况出发，不可能超越国家的实际情况，把一些国家的政治制度作为一个标准去衡量，评价自己国家的政治制度的优劣。民族区域自治制度体现了现代民主政治的价值取向，体现中国共产党在解决我国民族问题上的政治立场。在“两个共同”的原则下，通过政治权力结构的设计，使少数民族能够分享到一些特殊的权力，更好地获得国家力量的帮助，促进民族地区的发展，缩小与其他地区的发展差距，维护自身利益，为实现宪政意义上的政治权利平等创造了条件。同时，通过民族自治，培养少数民族的政治素质，提高他们的政治参与能力，为实现政治权利的平等创造条件。

第二节　民族区域自治制度是解决我国民族问题的制度保障

一　确立民族自治地方自治权的法律地位

民族区域自治制度从政治权利上，宪法法律赋予了各民族之间平等的政治权利，为民族地区的发展提供了宪法和法律的保障。从权力结构上，宪法和民族区域自治法规定了国家对民族自治地方的职责，民族区域自治法把宪法中规定的 6 项自治权，延伸为 27 项自治权。在这 27 项自治权中，敖俊德认为，大致可以分为三类：一是政治权力方面的，如制定自治条例、单行条例和行使对上级国家机关不适合民族自治地方政策取消、变更、中止执行的权力，必须严格遵守法律规定，向上一级人大或行政机关报告批准；二是经济发展方面的，要接受国家计划指导；三是发展少数民族和民族地区文化社会方面的，可以在宪法和法律允许范围内自主行使。民族区域自治法对相关行为的法律责任做出了明确规定。[①] 民族自治地方所享有立法权是其他地区所不具有的特殊的权力。“立法权就是由特定国家机关行使的，在国家权

---

① 敖俊德：《关于民族区域自治法的两个基本问题》，《贵州民族学院学报》（哲学社会科学版）2004 年第 6 期。

力体系中占据特殊地位的，用来制定、认可、变动法的综合性权力体系。”① 是“国家制定、修改或废止法律的规范权力”。②

二 民族区域自治制度对少数民族和民族地区的发展发挥了强大的促进作用

民族自治地方用国家赋予的权力加快了自身的发展，取得了令人瞩目的辉煌成就。国家制定了扶持少数民族地区发展的各项政策和基本措施。

（一）经济上，加大少数民族地区财政转移支付、西部大开发战略、对口支援等措施，促进了民族地区的经济发展。2000 年以来，我国开始了“西部大开发”，这个战略将我国的自治区、自治州以及自治县（旗）中的大部分划入开发的区域，将国家在西部大开发中的各项优惠政策适用于这些民族自治地方，为民族自治地方的经济发展提供了强有力的政策支持的发展引导。对带动民族自治地方经济和社会发展发挥了重要作用。根据国家统计局和世界银行统计，在 1978—2008 年 30 年间，内蒙古的 GDP 年平均增长率为 11.69%，新疆为 10.35%，广西为 9.86%，西藏为 9.79%，云南为 9.72%，宁夏为 9.61%，贵州为 9.36%，青海为 8.44%。这充分说明，民族区域自治制度对加快少数民族和民族地区的发展起到了积极的作用。

1996 年—2008 年期间，云南民族自治地方的地区生产总值年平均增速达 10.2%，比全省同期平均增速高 0.9 个百分点。2008 年，云南民族自治地方完成固定资产投资 1281.41 亿元，是 1978 年的 473 倍；农民人均纯收入达 2695 元，是 1978 年的 36 倍；粮食产量达 781.59 万吨，比 1952 年增长 2.3 倍，人均占有粮食 629.25 公斤，增长 1.32 倍；社会消费品零售总额 590.09 亿元，增长 359 倍；财政收入 159.32 亿

---

① 朝丽：《对民族自治地方自治机关立法权的思考》，《西北民族学院学报》（哲学社会科学版）2002 年第 7 期。

② 何芝龙：《新疆民族自治地方立法权的运用分析和对策建议》，《新疆社会科学》2006 年第 3 期。

元，增长252倍；财政支出535.81亿元，增长1913倍。云南民族自治地方的经济实力大大增强，人民生活水平显著改善，少数民族人民群众的收入得到了大幅度增加。

通过文献研究，我们课题组发现，云南省在“十五”期间民族自治地方的生产总值增长率达到9.9%，民族自治地方的人均生产总值达到11.6%，工业总产值达到13.4%，民族自治地方的地方财政收入年平均增长率达到12%。通过与其他地方，即非民族自治地方相比，各项指标的增幅均高于全省平均水平、整个民族自治地方的社会经济发展呈现良好的势头。而民族自治地方的市场发育水平、经济发展基础以及人才素质大都不如非民族自治地方，为什么会呈现这么好的发展势头呢？我们通过分析认为，民族自治地方的发展离不开云南省委、省政府的支持。为了实现民族自治地方的跨越式发展，云南省在经费方面专门设立了民族发展基金，在云南省扶贫过程中，省财政专门为民族自治地方做了必要的倾斜。云南省财政先后向民族自治地方投入扶贫及信贷资金达到120多亿元，用于解决地处边境的民族乡、民族特困乡。这些资金的投入，为云南民族自治地方160多万的绝对贫困人口解决了温饱问题，使20多万的少数民族贫困户解决了住房问题。云南省还抓住“兴边富民”的契机，不断加快边疆民族自治地方的基础设施建设，在边境县累计投入资金了4.4亿元，这些项目的投入，使许多民族自治地方的基础设施得到了极大程度的改善。由于历史原因，云南民族自治地方的教育事业发展相对滞后，为了使民族自治地方的教育事业迎头赶上，省政府投入2亿多元，将少数民族适龄儿童的上学难问题基本解决。另外，云南省还启动了具有民族特色的博物馆建设项目，为民族文化的传承和发展、开发和利用搭建了一个重要的平台。①

（二）政治上，云南省民族自治地方按照宪法和其他法律要求，

---

① 吴莹：《党的民族政策和民族区域自治制度在我省的成功实践》，《云南日报》2009年10月19日。

按规定进行选举人民代表。按照《民族区域自治法》的相关条例，组成各个民族的自治机关，代表本民族行使管理本民族的权利。云南省严格按照国家相关法律法规的要求，坚决执行自治州州长、自治县县长由实行区域自治的少数民族公民担任。我们课题组到楚雄、红河、普洱等民族自治地方调查，几乎所有民族自治地方的行政长官均由自治民族的公民担任。各级自治机关按照上级要求，同时结合本地本民族的实际，不断加强少数民族干部队伍的建设和专业技术人才的培养。在少数民族行使权力的方面，我们翻开人民代表大会的历史不难看出，历届全国人民代表大会少数民族代表的比例都高于少数民族人口的比例。我们从“第十二届全国人民代表大会代表名额和选举问题的决定草案”中可以看出，少数民族代表的名额占代表总名额的12%左右；人口特少的民族至少应有1名代表。除上述分配给少数民族的代表名额外，各少数民族还可以在各选举单位的选举中，依法按程序被提名选举为全国人大代表。民族区域自治制度通法律的形式，加快少数民族干部的培养，提高少数民族干部的政治素质，通过多各种形式的干部教育，提高民族自治地方干部的对国家的认同、政治参与能力和素质。

（三）文化上，我国宪法规定公民具有从事文化创造、参与文化活动、享受文化生活的权利。人民群众的文化权益，不仅受到法律的保护，也是党和政府关注民生、改善民生的重要方面。胡锦涛同志在十七大报告中反复强调，加强社会主义文化建设，是为了不断满足人民群众日益增长的精神文化需求，要更好地保障人民群众的文化权益。国家在公共文化服务体系建设时，按照结构合理、发展平衡、网络健全、运行有效、惠及全民的原则。云南省民族自治地方严格按照民族区域自治法的相关规定，依据国家的教育方针和相关教育法律的规定，在民族自治地方的教育规划、学制、教学内容及双语教学等方面均做了规定，同时出台了许多具有针对性的政策措施，不断发展少数民族的教育文化。在一些自然条件不好、经济特别困难的地区，云南省政府投入资金，根据人口、地理、教学设施等情况，设立了一些寄宿学校，同时为了解决家庭贫困的学生顺利享受到教育的权利，许多学校还设立了少数民族助学金，奖励那些品学兼优、刻苦上进、家庭经济困难的学生。不断创造条件，保障民族自治地方的各少数民族学生完成义务教育。一些民族自治地方的中小学，还开展了双语教学，同时，不断推广普通话，加强汉语的教学。在出版、广播、新闻等方面，大力支持涉及民族文化方面的项目。通过民族文化的建设，不断增强民族自治地方各个少数民族的凝聚力。

三　云南省民族区域自治的实践成果

在党和国家的指导下，云南省有步骤地推行了民族区域自治制度，几十年来努力建设，不断探索。云南省在民族团结、民族共同繁荣发展、民族自治地方跨越式发展方面取得了非常瞩目的成绩。环视全国，云南在解决民族问题方面取得的成功经验，无疑具有极强的借鉴意义。

（一）云南省各级党委政府将爱国主义、国家认同、中华民族认同等作为一项重要的政治工作来抓。云南省在民族自治地方实行民族区域自治制度，并将这项制度不折不扣地执行，使云南省各个少数民族之间实现了真正的平等，各个民族区域自治地方的少数民族真正行使当家作主的权利。使边疆民族自治地方的各个少数民族对国家、对党有了强烈的认同，愿意接受党的领导，愿意成为中华民族这个大家庭中的一员，对国家、民族具有较强的自豪感，对本民族的发展具有较强的自信心。我们回顾云南的历史，历朝历代在云南均推行了各种管理少数民族的制度，例如“羁縻”政策和“以夷治夷”的政策，虽然在特定的历史时期起到了积极的作用，但与今天相比，不论是民族的自身发展，还是民族团结，甚至是国家认同等方面，历史上的这些民族政策均无法与今天政策的优越性相抗衡。

（二）云南省在民族团结方面，做出来许多值得借鉴的经验。云南省的少数民族种类是全国最多的，少数民族的分布也是非常的复杂。有的民族同源异流，有的民族通过历史的发展进行了分化和融合。可以说，在云南的少数民族发展史上，民族之间的交流交融和交往是非常平常的事情。我们在调查时发现，许多家庭中，就有多个少数民族共同相处的情况。从云南省民族的地理布局来说，交错杂居是非常突出的特点。但是，云南省各个少数民族时代和谐相处、和睦共济、和谐发展。各个民族之间通婚非常普遍。虽然在特殊的时代，也有民族之间的隔阂，但从整个民族发展史看，各个民族之间是和谐的。在许多民族自治地方，干部队伍没有强烈的民族界限，不论是哪个民族的干部，均能很好履行干部职责，为民族自治地方的经济社会发展贡献力量。各个民族自治地方之间，也互通有无，相互学习，相互借鉴成功经验。

（三）云南省各级党委政府不断加强密切人民群众的工作，使民族自治地方的自治机关与当地人民群众血肉相连，真正体现了民族自治机关为当地服务的宗旨。回顾云南民族区域自治制度实行的历史，我们不难发现，在民族自治机关成立之初，许多少数民族的领袖人物和爱国分子，对该制度强烈支持，有的人士还在自治机关中工作，还有的担任了领导职务。这些少数民族的先进分子，为扩大和巩固爱国统一战线做出了突出的贡献，在边疆民族自治地方的民族团结、和谐、发展中起到了重要的作用。一些宗教领袖、民族精英、爱国分子在密切联系少数民族人民群众方面具有天然的优势，各级党委和政府充分发挥他们的积极性、主动性，加强了各个少数民族对自治机关的血肉相连。使民族自治地方的自治机关发挥了很好的效能，为民族地方和各少数民族的发展起到了积极的作用。

（四）云南省根据云南各个少数民族的发展情况，制定出分类指导、优先发展的各项措施。使边疆民族自治地方的政治、经济、文化和社会得到了发展。云南省委省政府通过各项措施，不断加大农业基础设施的投入。云南省的民族自治地方多是山区，许多少数民族一直延续刀耕火种的耕作方式，生产力水平低下，严重制约了民族地区和各个少数民族的发展。云南省通过资金、政策、项目等的扶持，不断改善民族自治地方的生产生活条件。把水利建设、道路建设、供电建设等作为重要的工作内容，不断拨发贷款，支持和发展民族自治地方的商业贸易、文教卫生等公共事业，把改善民生作为政府工作的考核标准，把繁荣和发展民族自治地方作为考核领导干部的标准，不断推动民族自治地方的经济、政治、文化的快速发展。

不论是从全中国还是从云南省发展看，民族自治地方的发展再次证明，我国的民族区域自治制度是成功的。这项制度，符合中国的国情，符合边疆各少数民族的需求。民族和民族地方的发展证明，民族区域自治制度整合了各个民族的共同利益，它是中国在处理民族问题方面做成的成果选择。虽然，在国家战略实施中，部分民族自治地方的发展没有赶上或者说是落后发达地区的发展，但是，不论是从历史情况还是从区位优势，甚至从民族市场经济发育水平来说，民族自治地方的发展速度和发展水平跟不上发达地区是在所难免的。我们在调查时发现一个案例，一个村寨由于运输条件非常差，地理位置非常偏僻，在进行房子建设时，他们的运输成本是坝区的3—5倍。这个例子说明，民族自治地方的发展缓慢是有客观原因的，而且，有些客观原因要解决，并非一日之功。

因此，我们要站在全面建设小康社会、加快推进社会主义现代化的高度，在科学发展观的正确指导下，深刻把握我国经济社会发展的阶段性特征，认真认识到民族问题发展的一些客观条件和规律。我们只有把民族区域自治制度坚持好，完善好，认真贯彻落实党和国家的民族政策，把全国各族人民的智慧和力量凝聚到社会主义和谐社会建设上来，凝聚到实现中华民族伟大复兴的千秋伟业上来，不断开创改革开放和现代化建设新局面。

第三节 当前民族区域自治制度面临的挑战

一 国际民族分裂主义的影响

我国的民族问题一直受到国际民族分裂主义思潮的影响。近年来，国际敌对势力从对我国实施西化、分化战略出发，更加注重利用民族分裂势力对我国进行渗透破坏，妄图在我国边疆民族地区打开缺口。[①]国际政治和世界民族问题对我国的民族问题产生着重大影响，表现在以下几个方面。

一是以美国为首的国际敌对势力，将民族、宗教、人权问题与国家外交紧密挂钩，不断以“人权问题”“西藏问题”“宗教问题”等来挑拨我国的民族关系，引发民族冲突。美国国会每年都有关于西藏问题和新疆问题的提案，一些美国的政界要员多次秘密接见赴美活动的民族分裂组织头目，编撰了攻击我国新疆政策和民族政策的出版物。

二是境内外民族分裂势力相互勾结，利用各种手段对我国进行分裂渗透等破坏活动。在国际敌对势力的支持下，境内外民族分裂势力不断挑起矛盾、制造事端，对我社会稳定危害极大。当前，对我国影响和威胁最大的主要是“达赖集团”、“东突”组织、“王宝集团”。达赖集团的“高度自治”的根本目的是要否定中国共产党的领导，推翻社会主义制度。“东突”组织的目标就是要分裂新疆，建立“东突厥斯坦共和国”。“王宝集团”利用云南省特殊的地理环境和邻国政局动荡宣称要“联合全世界1200万苗族同胞建立苗族王国”，试图分裂苗族同胞。有的组织甚至提出“占领一座寺庙，争取一片群众”的战略。

三是周边国家的各种泛民族主义思潮的威胁。我周边国家出现的泛突厥主义、泛伊斯兰主义和“三蒙合一”等思潮，直接或间接地影响我民族团结，对我国的国家安全和领土完整构成了新的挑战。而我国的许多少数民族都是跨境民族，这些跨境民族来往紧密，有自己的民族认同和心理归属，泛民族主义容易被煽动起来。

二　国内发展问题突出

在深化改革，扩大开放，中国现代化发展全面融入全球化、建设

---

① 胡锦涛：《深入贯彻落实科学发展观，努力推进新疆跨越式发展和长治久安》，《新疆工作文献选编（1949—2010年）》，中央文献出版社2010年版。

全面小康社会社会的进程中，发达地区利用历史发展中的优势，加快了发展的速度，少数民族和民族地区与发达地区的发展差距不断拉大，发展不均衡、不协调的问题日益突出。这种差距表现在以下几个方面：

一是区域差距继续拉大。国家级贫困县主要集中在少数民族地区和西部地区，民族地区省份的GDP占全国的比重不断下降；城乡差距比较突出；民族地区少数民族的贫困状况比较严重。云南35个边境县（市）中，贫困县占一半以上。许多边远山区农村仍处于“交通靠走、治安靠狗、通讯靠吼、娱乐靠酒”的状态；社会事业发展严重滞后，民族教育的整体发展水平不高，特别是基础教育投入不足，办学条件差。发展差距的不断扩大，在民族地区容易产生几种倾向，一是少数民族被抛弃、被歧视。

二是少数民族和民族地区失去发展的信心，等、靠、要的依赖思想滋生。发展差距的拉大，是产生少数民族地区与国家离心力的潜在土壤，是产生民族分裂主义的温床。在建立完善社会主义市场经济体制的过程中，利益格局的调整，利益关系的分化，利益矛盾冲突不断加大的背景下，民族问题很容易成为利益矛盾冲突的政治问题，一些人会利用民族共同体作为利益诉求的政治力量，推动民族分裂。民族的发展和消亡是有规律的，而且是一个长期的过程，社会主义时期距离民族的消亡还非常遥远，我们没有必要空谈误国。我们应该形成合力，不断加快民族自治地方的经济社会发展，不断缩小少数民族地区民族地区发展差距的重要时期。在这个时期，不是取消民族差别，更不是取消对民族自治地方支持的时期，如果民族自治地方得不到国家的支持，那么，将会对民族地区的稳定繁荣起到非常不好的影响。因此，我们不但不能中断对民族自治地方的支持，相反，各级党委政府还要加强对这些发展相对缓慢地方的支持，而且加大对少数民族和民族地区扶持，帮助他们加快发展的重要时期。

三是我国各民族的历史发展处于不同的阶段，十分复杂。民族文化的传统是维系民族的纽带，这种传统是深深植根于民族心理的。民族的血缘和文化传统不是短时期内可以消除的。我国各民族保留了多种宗教、多种文化和不同的风俗习惯。可以说，中国的民族差别，根本上是文化的差别。我们应该注意到，北方的几个主要民族在历史上曾经建立过自己的独立政权，在长期历史发展中，形成了民族独立的价值体系，文化的系统性、成熟性，使得这些民族的凝聚力远远超过其他民族。一些境外的民族分裂主义就是利用这种文化上的纽带，利用西方国家所谓一个民族一个国家的政治理念，煽动起民族分裂主义的浪潮。在这样的背景下，取消民族差别，是在为民族分裂主义运动制造口实。

三 自治条例立法活动受多种因素制约

尽管我国155个自治地方出台了139个自治条例，但自治条例立法活动仍然受到多种因素制约，致使自治条例未能发挥其应有的作用。

一是个别民族自治地方出现强调自治民族的权利，从而忽视了民族自治地方还有其他少数民族的事实。这对处理区域内民族关系带来负面影响，在民族自治地方自治民族与其他民族关系协调上存在障碍，与保障聚居少数民族群体的政治、经济、文化与社会权利，促进平等、团结、互助、和谐的民族关系的形成与发展为基本价值取向的民族区域自治制度，与155个民族自治地方内部存在的“多民族构成”这一基本事实是不协调的。将关注的重心集中在该制度对保障聚居少数民族平等权利的功能与作用上，不仅忽视了这一制度对于协调和处理民族自治地方内部的民族关系，而且忽视了在地方层面通过立法或行政手段实施自治的过程中存在的客观制约因素。

二是个别地方因“缺乏自治意识与自治能力”，以“行使自治权”为名，在“分权”问题上与中央“讨价还价”。极个别自治地方认为，民族区域自治就是中央照顾自治地方、上级政府照顾下级（自治地方）政府，把自治条例变成了“要饭条例”。在个别自治条例（或草案）中，甚至规定国家或上级政府的义务，超越了自治的权限；很多自治州、自治县的自治条例（包括一些自治区自治条例草案）大量抄袭《宪法》《民族区域自治法》内容，造成立法内容大量重复；有的过多“套改”《民族区域自治法》的内容。这反映出一些自治机关“缺乏自治意识与自治能力”，也是影响民族区域自治制度实施效果的重要因素。

三是不少已出台的自治条例地方特色和民族特点不鲜明。依照《宪法》《民族区域自治法》和《立法法》规定，自治条例的制定依据是“当地民族的政治、经济和文化的特点”，而许多自治条例并未真正从“当地民族的政治、经济和文化的特点”出发，而是“套改”《民族区域自治法》的内容。作为当地“小宪法”的自治条例自然发挥不了应有的保障当地自治权的作用。有的自治地方出台的自治条例规定的内容形同虚设，根本无法实施。

四是中央有的部委以“国家利益”为名，限制自治地方“立法权”，利益关系难以协调。如何处理这些部门与作为自治机关组成部分的自治地方人大和政府间的关系，是充分发挥自治地方比较优势，促进其经济社会全面发展的重要问题。由于对这一问题缺乏应有的关注，中央立法机关制定的专门领域的法律、行政法规或规章与《宪法》和《民族区域自治法》界定自治地方的自治机关所享有的自治权的法律规则之间有冲突，导致实践中没有准确把握，自治地方的自治法规尤其是自治区的自治条例或单行条例难以得到中央相关部门同意，致使自治地方自治机关难以充分行使自治权。

四　单行条例发展很不平衡

一是自治区单行条例出台少，且存在以地方性法规“代替”单行条例倾向。因自治区单行条例制定程序法律有特别要求，须报全国人大常委会批准后生效，这就“限制了”自治区制定单行条例的积极性。虽然五大自治区近年来出台的地方立法较多，但其中主要是地方性法规。内蒙古自治区在2000年至2009年颁布的106部地方立法中，只有一部是单行条例，并且是由自治区人大常委会修改的单行条例；西藏自治区人大常委会2000年至2010年制定地方性法律规范59部，其中制定和修改单行条例2部，变通条例2部，其他均为地方性法规或者自治州、自治县的自治条例、单行条例；1997 年到 2010 年，宁夏回族自治区人大及其常委会共制定地方性法规约 115 部，其中无一例单行条例；2000 年至 2010 年，广西壮族自治区共制定地方性法律规范 149 部，批准地方性法规 1 部，批准自治县单行条例 1 部。加之，因地方性法规较单行条例在立法程序上较为宽松、立法主体上较为广泛、内容上也不必担心因变通而可能违宪等原因，自治区倾向制定地方性法规以满足本地区经济社会发展的需求，往往以地方性法规“代替”单行条例，而没有把制定单行条例作为行使自治权的问题来对待。

二是单行条例地区分布差异大，多民族省下辖的自治地方出台单行条例反而为多。青海虽然不是省级自治地方，但下辖的 6 个自治州、7 个自治县占全省面积的 98% 以上。这些民族自治地方不但均制定了自治条例，而且根据实际制定了促进当地经济社会发展的单行条例。至 2010 年年底，青海各民族自治地方制定通过并提请省人大常委会批准通过的单行条例共 140 多件，内容涉及政治、经济、文化、教育、科技、生态建设和资源环境保护等各个领域，为当地经济社会事业的发展提供了有力的法制保障。四川省将制定配套法规作为贯彻落实《民族区域自治法》的重要环节。截至 2010 年 8 月，各民族自治地方提请省人大常委会审查批准、现行有效的有 70 件民族自治地方法规，涵盖政治、经济、文化、教育、科技、生态建设和资源环境保护等领域。即使是下辖“一州三县”的吉林省，自治地方在全部出台了自治条例的同时，出台单行条例 50 余部。

三是各自治地方单行条例发展不平衡。自治州、自治县单行条例出台数量较自治区单行条例多。以新疆为例，截至 2011 年，自治区人大及其常委会审查批准的单行条例 30 件，均系 5 个自治州、6 个自治县所制定。有学者统计，“自治州一级制定单行条例的步伐大大快于自治区一级，截止到 2008 年上半年，30 个自治州都制定了单行条例，共计 233 件，最多的自治州已经颁布 27 件，最少是 1 件，有 2 个自治州是2件”。[①] 不同自治地方单行条例出台数量不平衡。内蒙古下辖的3个自治旗不仅都出台了自治条例，还陆续出台了35件单行条例。广西壮族自治区早在1992年12月，12个自治县就全部出台自治条例，成为全国第一个完成自治县自治条例制定工作的省区。同时，12个自治县截至2011年年底，出台多件单行条例和变通补充规定。新疆除自治区外，境内还有哈萨克、回、蒙古、柯尔克孜4个民族的5个自治州和哈萨克、回、蒙古、塔吉克、锡伯5个民族的6个自治县，但截至2011年，也仅有30件单行条例。[②]

民族区域自治制度的实施，我国各民族之间逐渐形成了平等、团结、互助、和谐的亲密关系，但民族特点、民族差异将长久存在。民族消亡将是一个漫长的历史过程，“在民族未消亡以前，忽视民族差别和民族特点是错误的。我们坚决反对人为地去消灭民族差别，同时欢迎和提供民族间相互亲近，相互学习，大力促进和加强相互的经济文化联系和兄弟情谊”。[③] 因此，承认民族差别的存在，正确对待民族差别，对于贯彻执行党的民族政策，正确处理因民族差别而产生的民族矛盾，是极其重要的。

第四节　完善民族区域自治制度是解决当今民族问题的必然要求

一　民族区域自治制度的不断完善

一种制度设计的政治理论和价值追求，是在政治实践的进程中不断具体化、深化的发展过程。从民族区域自治制度的创立起，这项制

① 张文山：《通往自治的桥梁——自治条例和单行条例研究》，中央民族大学出版社2009年版。

② 潘红祥：《自治区自治条例出台难的原因分析及对策》，《北方民族大学学报》（哲学社会科学版）2009年第3期。

③ 参见江泽民《必须树立马克思主义的民族观和宗教观》（1990年9月1日），《新时期宗教工作文献选编》，宗教文化出版社1995年版。

度就是一个不断完善的过程。在新民主主义革命过程中，中国共产党就提出了民族区域自治的主张，并于1941年由陕甘宁边区政府在关中正宁县建立了回民自治乡，在城川建立了蒙古族自治区。1947年建立了我国第一个省级自治区——内蒙古自治区。1949年9月，在中国人民政治协商会议第一届全体会议上，经过各民族代表的充分讨论，认为实行民族区域自治是各民族在国内实行平等、团结、联合的最适当形式。在《中国人民政治协商会议共同纲领》和《中华人民共和国宪法》中，把民族区域自治制度作为国家的基本国策和重要政治制度确定下来。到2001年，国家根据新的形势和发展要求，全国人民代表大会常务委员会对民族区域自治法进行了修改，以使其更加符合社会主义市场经济体制的需要。2005年，国务院发布了《国务院实施若干规定》，进一步明确了上级人民政府支持和帮助民族自治地方的各项职责，对全面贯彻执行民族区域自治法提出了新要求，对民族自治地方如何制定自治条例和单行条例做出了一些切实可行的原则性指导。这都是完善民族区域自治制度的具体措施，也是中国民主法治建设的经验探索。

随着社会的发展，民族区域自治制度必须适应形势的发展，不断完善和创新。例如，城市化将导致改自治县设市、改自治州设市。行政组织机构的变更，不仅仅是名称的改变，它涉及少数民族和民族地区政治、经济、文化及社会发展等方方面面的问题。民族政策在执行过程中，相应缺乏政策依据和法律支持。因此，民族区域自治制度的实现形式需要创新、补充和完善。我们要根据民族问题的发展，及时把民族区域自治法对少数民族和民族地区发展的规定进一步细化、具体化，增加新的内容，处理好当前民族地区发展中的利益冲突问题。

二　民族区域自治制度保障边疆民生

我国在20世纪80年代实行过“划分收支、分级包干”的财政制度，而出台的《民族区域自治法》对这些制度作了相应规定和补充。例如，我国于1999年实行分税制后，财政体制发生了根本性的改变。

虽然分税制的实行，在许多地方发挥了惠民的重要作用。但由于民族自治地方的发展水平参差不齐，发展缓慢，一些地方财政在执行这些政策是力不从心，困难非常多。绝大多数的民族自治地方由于历史欠账大，跨越式发展受到了阻碍，只能靠上级财政补贴来进行日常工作的运转。为了扭转这种局面，国家实行了在实行分税制财政体制下，国家对财政困难省区（包括少数民族省区）的支持，主要是通过政转移支付制度。这项制度解决了民族自治地方财政困难的问题，为促进民族自治地方的发展起到了积极的作用。在这种情况下，《民族区域自治法》的修改提上了议事日程。按照分税制财政体制，将相应地规定做了修改。修改后的《民族区域自治法》，把一般性财政转移支付、专项财政转移支付、民族优惠政策财政转移支付作为重要的转移支付手段，进一步促进了民族地区的经济社会发展。

例如，新疆资源税于2010年6月启动。一年时间，地方新增税收35.78亿元，资源税改革体现出明显的财税效益和民生效益。在《新疆原油天然气资源税改革若干问题的规定》中，明确了有下列情形之一的，可免征或者减征资源税：油田范围内运输稠油过程中用于加热的原油、天然气，免征资源税。稠油、高凝油和高含硫天然气资源税减征40%。三次采油资源税减征30%。资源税的减免，增加了民族地方的税收，用于少数民族和民族地区发展的资金也随之充裕。这样，民族自治地方将得到更多照顾，有利于自治地方在财政上行使自治权，有利于加快民族地区发展，有利于社会稳定和国家安全。

我们要把国家优惠政策、特殊照顾逐步转变到少数民族能够运用国家法律所赋予的政治权力促进民族地区经济社会的发展，培养少数民族政治参与政治管理的能力，从等、靠、要转变到自我奋斗自我发展，转变到各民族之间共同奋斗共同繁荣发展上来。例如，通过民族自治机关制定单行条例的政治权力，对少数民族经济权益的保护问题。

一是通过投资的方式进行扶持。国家通过充分了解民族自治地方的实际情况，对市场的需求进行了充分分析，将民族自治地方的重要基础设施优先安排资金，尤其是一些关系到民族自治地方各族人民群众民生的基础设施，国家加大了资金投入力度，使这些重要项目得以顺利实施，惠及各族人民群众。国家在重大基础设施投资项目中，为了解决一些民族自治地方的财政配套难问题，在进行全国或全省统筹时，均对这些地区执行减免的政策。

二是完善对民族自治地方的利益补偿机制。云南省许多民族自治地方是国家战略资源的输出地，但是，由于管理体制和市场机制等原因，这些地方并没有得到相应的补偿。例如，在一些矿产资源丰富的民族自治地方，许多当地少数民族只能看着这些本该能分一杯羹的资源不断输出，自己却没有得到任何好处，甚至自然环境和生活环境受到了破坏。针对这些问题，国家层面也在探讨新民族自治地方资源开发中利益分配机制，增强民族自治地方自我发展的能力。

三是将扶贫工作作为一项中心工作。边疆民族自治地方多在山穷水恶的地方，贫困如影随形。为了使边疆民族自治地方的各族人民群众共享改革开放的成果，国家制定了一些扶贫攻坚计划，把边疆民族自治地方作为主战场。在财政、金融、物资、技术、人才等方面加大扶持力度，用跨越式的思维和工作方式来解决边疆民族自治地方的贫困问题。随着扶贫攻坚计划的实施，云南边疆各民族自治地方的贫困人口和贫困面在不断减少，为全面实现小康奠定了坚实的基础。

三　民族交往流动促进民族关系的发展

随着社会的发展，各民族的流动不断深入，在社会主义现代化建设的这个阶段，我们的民族工作要做到不断促进各民族的交往交流交融，以民族交往为契机不断加深各民族之间的了解，增进各民族之间的信任和理解，对于促进民族的融合至关重要。但民族在心理上的凝聚力，尤其是在核心价值观上的一致性，并不是短时期可以消融的，是一个长期的交往和交融的过程。而这个过程是以民族地区的加快发展、民族间发展差距缩小、实现事实上的真正平等的社会条件成熟为前提，而心理文化、历史传统的融合是一个自然历史的过程，并不是人为主观可以改变的。民族政策的社会主义本质、马克思主义民族平等价值观的具体化，是促进民族发展、缩短民族发展差距的重要手段。民族政策的价值取向直接影响到民族的团结和谐、民族关系的发展，不能因为一些事件的出现，而否定民族政策对促进民族发展、民族团结、共同发展进步的历史作用，“因噎废食”是不明智的选择。

民族交融必须尊重民族之间的差异性，交融的实质是包容多样、存异求同，在彼此的交流交往中形成一些共同的东西。在民族交融过程中，民族之间相互认同、相互吸收各民族的优秀文明成果，逐渐形成具有共同价值导向的核心价值体系。而民族融合是指各民族的民族差别最终能够消失，互相融合为新的人们共同体。它是一个长期的、自然的、缓慢的历史过程，并非一朝一夕、一蹴而就的。马克思和恩格斯在 1847 年 6 月起草的《共产主义者信条草案》中指出：“民族在共产主义制度下，还将继续存在吗？答：按照公有制原则结合起来的各个民族的民族特点，由于这种结合而必然融合在一起，从而也就自行消亡，正如各种不同的等级差别和阶级差别由于废除了它们的基础——私有制——而消失一样。”1958 年，毛泽东在成都会议上指出，“首先是阶级消亡，而后是国家消亡，而后是民族消亡，全世界都如此。”牙含章在《谈谈民族同化和民族融合的区别问题》一文指出：“民族融合则是要消灭一切民族的差别，把全世界的一切民族的人民融合成为没有民族差别的新人类。”因此，民族交融与民族融合并不是一回事。

2005 年《中共中央、国务院关于进一步加强民族工作加快少数民族和民族地区经济社会发展的决定》指出：“社会主义时期是各民族共同繁荣发展的时期，各民族间的共同因素在不断增多，但民族特点、民族差异和各民族在经济文化发展上的差距将长期存在。”因此，现阶段，我们强调促进民族交往交流交融，目标就是促进各民族的繁荣发展。苏联过早强调“民族融合”而忽视民族问题存在长期性的教训值得深深汲取。特别是自列宁之后的几代苏联领导人，在对民族和民族问题的认识上都逐渐背离列宁的民族理论，在处理民族问题上存在很大偏差，他们竭力推行“各民族逐渐接近和融合”的方针，甚至认为“消灭民族界限的过程已经开始”，声称“苏联各社会主义民族将转变为共产主义民族”，苏联民族问题“已经一劳永逸地解决了”。正是这种急于求成的“民族融合”思想，成了导致苏联解体的催化剂，[①]这是值得我们深思的前车之鉴。

民族交融已经成为我国民族关系发展的必然趋势和现实实践。目前，随着我国工业化、信息化、城镇化、市场化、国际化的深入发展，各民族、各阶层的流动越来越频繁，民族壁垒不断消除，各民族在政治经济文化社会各方面共同性不断增加，大家通过相互交流和接近逐步交融，这已经成为我国社会主义民族关系的主流，成为我国各族人民的迫切愿望和自觉行动。在城市庞大的流动人口中，活跃着一支支少数民族流动大军。据不完全统计，我国目前每年约有少数民族流动人口1000万人，大部分以进城务工、经商和学习为主。[②] 随着“两个大局”战略的实施，民族地区的劳动力不断流向东部。“西部大开发”后，沿海和中部地区的民族也不断涌入西部多民族地区。在民族地区，随着城市化的推进，农村人口也不断流入城镇。社会流动性的增强，使得民族人口分布更加广泛，民族构成更加多元。各民族的流动，为民族的交往交流交融创造了良好的条件。我们应该抓住机遇，创造条件发展的环境，促进民族交往交流交融的深入。

在社会主义制度下，尽管民族差异、民族特点和各民族在经济文化发展上的差距将长期存在，但我国已经实现了各民族政治上的平等，历史上民族压迫、民族剥削的制度已不复存在，各民族共同繁荣发展具备了根本的政治条件。历史已经为民族交融创造了条件，因此我们必须顺应历史潮流，既要吸收各民族的优秀文化成果，又要坚持不懈地对各民族群众进行社会主义核心价值体系教育，巩固各民族团结奋斗的共同思想道德文化基础。我们必须牢记，解决民族问题的核心问题就是发展。民族交往交流交融的目的也是为了民族和民族地区的发

---

① 熊坤新：《解决民族问题急不得》，《环球时报》2月18日版。

② 郑贝妮：《让少数民族流动人口在城市生活得更惬意》，《中国民族报》2011年3月15日版。

展。共同繁荣发展是各民族的一致目标，实现共同繁荣的根本途径就是各民族共同发展。民族发展的内容涉及政治、经济、文化、社会等各方面的综合发展。虽然不同的历史时期，发展的内容有所侧重，但是发展是贯穿我国民族理论与政策的主线，发展是民族工作的主题。

我们的民族区域自治制度立足于民族平等，为此，一直对少数民族实行优惠照顾政策。尽管现在存有许多争议，但至少在解放后相当长时间里，这种制度安排是必要的，并发挥了一定的积极作用。如果没有这个制度安排，当年一些文化极其落后的少数民族就无法得到起码的发展。[①] 在政治、经济、教育、文化等各方面对少数族群实行以族群为对象的优惠政策，对于在当时情况下确实需要保障其政治权利的一些族群与地区（如西藏的藏族），这些措施具有积极作用，有利于祖国和平统一。[②]

四　正确对待民族区域自治制度的不完善

民族区域自治制度的实施的优越性毋庸置疑，但是，我们应当正确对待民族区域自治制度存在的不完善。例如，近年来，“少数民族加分政策对于汉族考生是否公平?”“为什么经济越发展，民族不和谐的现象屡屡发生?”等质疑声不绝于耳。我们在坚持民族区域自治制度的同时，是否也应该用实事求是的态度反思政策的合理性呢？我们以少数民族高考加分为例，同样的家庭背景，同样的受教育条件，同样的生活环境，甚至是相似的智力水平，一场高考后，少数民族考生和汉族考生的命运可能完全不同，汉族考生就会质疑高考加分制度的合理性。针对这个问题，国家民族事务委员会副主任吴仕民在国务院新闻办公室举行“改革开放与中国民族政策的发展”新闻发布会上说，“中国民族政策是根据中国的实际情况制定的，这个实际情况就

① 潘志平：《三学者谈：中国可进一步完善民族政策》，《环球时报》2011 年 9 月 21 日。

② 马戎：《三学者谈：中国可进一步完善民族政策》，《环球时报》2011 年 9 月 21 日。

是因为少数民族地区由于历史的、地理的原因，它的发展相对落后，如果不采取措施，他们就不可能和其他民族一道前进，这对整个国家利益是不利的。以教育为例，如果我们看看解放前的事实，很多地方当时并没有现代意义上的学校。现在少数民族人口比例占全国人口的8.4%，而少数民族的大学生在校的比例不超过7%，即使这样给予适当的照顾还是存在差距，所以说制定这种政策是必要的。”[①]从高考加分政策制定的目的来说，这样的回答无可厚非，但还是忽视了“公平”的事实。如果将高考加分政策调整为“地域性”加分，是否更“公平”一些呢？

民族问题本质上是一个社会问题。随着中国特色社会主义现代化建设的深入发展，我国的民族问题会出现许多新的情况，面对许多新问题，坚持民族区域自治制度不仅是我们党解决民族问题的基本原则，不仅是被实践证明的成功经验，更重要的是我们国家一项基本政治制度。只有不断完善民族区域自治制度，才能为实现社会主义条件下各民族平等和繁荣，提供政治制度保障。

五　民族区域自治制度的展望

党的十六大以来，中央进一步对民族工作、对坚持和完善民族区域自治制度等做出了一系列重要指示。

党中央于2005年召开了中央民族工作会议，中共中央、国务院做出了《关于进一步加强民族工作加快少数民族和民族地区经济社会发展的决定》，这个文件是改革开放以来党中央关于民族问题的第一个重要文件，也是一个纲领性的文件。在这次会议上，胡锦涛同志在讲话中指出：“新世纪新阶段的民族工作必须把各民族共同团结奋斗、共同繁荣发展作为主题。共同团结奋斗，就是要把全国各族人民的智慧和力量凝聚到全面建设小康社会上来，凝聚到建设中国特色社会主

① 汪东亚：《吴仕民：高考少数民族加分政策不会改变　具体执行会不断评估》，中国共产党新闻网2009年07月21日。

义上来，凝聚到实现中华民族的伟大复兴上来。共同繁荣发展，就是要牢固树立和全面落实科学发展观，切实抓好发展这个党执政兴国的第一要务，千方百计加快少数民族和民族地区经济社会发展，不断提高各族群众的生活水平。”我们党在各个历史时期都提出民族团结、民族发展并付诸实践，但是把“两个共同”理念贯通起来，并作为民族工作的主题，是以胡锦涛同志为总书记的党中央创造性地运用和发展，是科学发展观在民族问题上的延伸和体现，是新形势下处理民族问题、切实做好民族工作的根本方针。胡锦涛同志还深刻地指出，民族区域自治制度“是我国的一项基本政治制度，是发展社会主义民主、建设社会主义政治文明的重要内容，是党团结带领各族人民建设中国特色社会主义、实现中华民族伟大复兴的重要保证”。“坚持和完善民族区域自治制度，必须全面贯彻落实民族区域自治法。”①

党的十七大报告重申了上述方针，把人民代表大会制度、共产党领导的多党合作与政治协商制度、民族区域自治制度和基层民主自治制度列为我国四大基本政治制度，并强调民族区域自治制度的巨大政治优势。

2010 年以来，中央从党和国家事业发展大局出发，深入实施西部大开发战略，先后召开了西藏、新疆工作座谈会以及西部大开发工作会议，并做出了一系列部署。1 月 18 日至 20 日召开了第五次西藏工作座谈会。5 月 17 日至 19 日又召开了新疆工作座谈会，这是新中国成立以来中央召开的首次新疆工作座谈会。7 月 5 日至 6 日还召开了西部大开发工作会议。认真贯彻落实这一系列会议精神，有利于推进少数民族和民族地区跨越式发展，有利于巩固和发展平等团结互助和谐的社会主义民族关系，有利于更好地维护国家主权、安全、发展利益，有利于我国改革开放和社会主义现代化建设事业，有利于实现中华民族的伟大复兴。

---

① 胡锦涛：《在中央民族工作会议暨国务院第四次全国民族团结进步表彰大会上的讲话》，载国家民族事务委员会、中共中央文献研究室编：《民族工作文献选编》，中央文献出版社 2010 年版。

实践充分证明，民族区域自治制度是我国的一项基本政治制度，是根据我国的历史发展、文化特点、民族关系和民族分布等具体情况做出的制度安排，是发展社会主义民主、建设社会主义政治文明的重要内容，是党团结带领各族人民建设中国特色社会主义、实现中华民族伟大复兴的重要保证，符合各民族人民的共同利益和发展要求。正是由于成功地实行民族区域自治制度，我国少数民族依法自主地管理本民族事务，民主地参与国家和社会事务的管理，保证了各民族不论大小都享有平等的经济、政治、社会和文化权利，共同维护国家统一和民族团结，反对分裂国家和破坏民族团结的行为，形成了各民族相互支持、相互帮助、共同团结奋斗、共同繁荣发展的和谐民族关系。在新的形势下，一方面，要全面贯彻实施党的民族政策和《民族区域自治法》，另一方面，要与时俱进，适时修改这部法律并制定相应的法规规章，使民族区域自治制度不断发展。

参考文献

1.《马克思恩格斯全集》，人民出版社 2009 年版。

2.《列宁选集》（第 1—4 卷），人民出版社 1995 年版。

3.《斯大林全集》，人民出版社 1956 年版。

4.《毛泽东选集》（第 1—4 卷），人民出版社 1991 年版。

5.《邓小平文选》（第 1—3 卷），人民出版社 1994 年版。

6. 中国社会科学院民族研究所：《列宁论民族问题》，民族出版社 1987 年版。

7. 中国社会科学院民族研究所：《斯大林论民族问题》，民族出版社 1990 年版。

8. 中国社会科学院民族研究所：《马克思恩格斯论民族问题》，民族出版社 1987 年版。

9. 中共中央文献研究室：《改革开放三十年重要文献选编（上）》，中央文献出版社 2008 年版。

10. 中共中央文献研究室：《江泽民论有中国特色社会主义》，中央文献出版社 2002 年版。

11. 国家民族事务委员会、中共中央文献研究室编：《新时期民族工作文献选编》，中央文献出版社 1990 年版。

12. 国家民族事务委员会研究室：《新中国民族工作十讲》，民族出版社 2006 年版。

13. 国家民族事务委员会：《在中国特色社会主义道路上共同团结奋斗共同繁荣发展——改革开放 30 年民族工作成就》，民族出版社

2008 年版。
14. 陈方斌：《中国共产党执政五十年》，中共党史出版社 1999 年版。
15. 吴敬琏：《当代中国经济改革》，上海远东出版社 2004 年版。
16. 费孝通：《中华民族多元一体格局》，中央民族大学出版社 1999 年版。
17. 文精：《团结进步的伟大旗帜——中国共产党 80 年民族工作历史回顾》，民族出版社 2001 年版。
18. 钟世禄：《云南民族“直过区”经济社会发展研究资料汇编》，云南民族出版社 2006 年版。
19. 王连芳：《云南民族工作的实践和理论探讨》，云南人民出版社 1989 年版。
20. 金炳镐：《民族理论与民族政策概论》，中央民族大学出版社 2006 年版。
21. 金炳镐：《民族理论通论》，中央民族大学出版社 2007 年版。
22. 王文光、龙晓燕、李晓斌：《云南近现代民族发展史纲要》，云南大学出版社 2009 年版。
23. 刘先照：《中国共产党主要领导人论民族问题》，民族出版社 1994 年版。
24. 彭英明：《新编民族理论与民族问题教程》，中央民族大学出版社 1995 年版。
25. 叶苹：《当代云南简史》，当代中国出版社 2004 年版。
26. 黄光学：《当代中国的民族工作》，当代中国出版社 1993 年版。
27. 云南民族事务委员会、云南省民族理论学会编：《云南民族团结进步事业光辉历程（1949—2009）》，云南民族出版社 2009 年版。
28. ［美］塞缪尔·亨廷顿：《变革中的政治秩序》，华夏出版社 1988 年版。
29. 马起华：《政治学原理》，中国图书公司 1985 年版。
30. 王伟光：《利益论》，中国社会科学出版社 2010 年版。
31. 王付昌、郭文亮：《中国近现代发展史论》，中山大学出版社 1997

年版。
32. 罗开云：《中国少数民族革命史》，中国社会科学出版社 2003 年版。
33. 杨策、彭武麟：《中国近代民族关系史》，中央民族大学出版社 1999 年版。
34. 萧君和：《中华民族史》（下卷），黑龙江教育出版社 2001 年版。
35. 国家民委编写组：《中国共产党第三代领导集体民族理论学习纲要》，民族出版社 2002 年版。
36. 马曜：《云南民族工作四十年》，云南人民出版社 1994 年版。
37. 云南省民族事务委员会编：《云南民族工作大事记 1949—2007》，云南民族出版社 2008 年版。
38. 张建新：《中国化马克思主义民族理论》，云南教育出版社 2008 年版。
39. 金炳镐、青觉：《中国共产党三代领导集体的民族理论与实践》，黑龙江教育出版社 2004 年版。
40. 金炳镐、王铁志：《中国共产党民族纲领政策通论》，黑龙江教育出版社 2002 年版。
41. 何龙群：《中国共产党民族政策史论》，人民出版社 2005 年版。
42. 青觉：《马克思主义民族观的形成与发展》，民族出版社 2004 年版。
43. 云南省民族事务委员会、云南省统计局：《云南民族自治地方“九五”经济社会发展文献》，云南民族出版社 2002 年版。
44. 云南省民族事务委员会编：《共同团结奋斗、共同繁荣发展——五年来的云南民族工作（2003 年至 2007 年）》，云南民族出版社 2007 年版。
45. 熊文钊：《地方：中国民族区域自治制度的新发展》，法律出版社 2008 年版。
46. 熊坤新：《苏联民族问题理论与政策研究》，中央民族大学出版社 2010 年版。

47. 吴楚克：《民族主义幽灵与苏联裂变》，中国人民大学出版社 2002 年版。
48. 马戎：《民族与社会发展》，民族出版社 2001 年版。
49. 张建新：《民族研究：社会视角中发现》，中央民族大学出版社 2010 年版。
50. 牙含章：《民族问题与宗教问题》，中国社会科学出版社 1984 年版。
51. 詹真荣：《继承与创新——马克思主义民族理论在中国的运用和发展》，民族出版社 2001 年版。
52. 李琪主：《有中国特色的民族问题理论及其跨世纪的实践》，中共中央党校出版社 1998 年版。
53. 唐新民：《民族地区农村社会保障研究》，云南大学出版社 2011 年版。
54. 龙兴海、曾伏秋：《农村公共服务研究》，湖南人民出版社 2009 年版。

后　记

本书是在教育部人文社会科学研究青年基金项目“改革开放以来边疆民族自治地方公共事业发展研究——以云南为例”的结项报告基础上修改完成的。在课题研究过程中，课题组分别到云南省的楚雄、丽江、普洱、大理、红河等地进行了实地调查，特别感谢帮助课题组完成调研工作的各级领导干部和各地父老乡亲。

在调查和写作中，本书的相关章节得到了以下人员的大力协助：在课题的实施过程中，云南大学马克思主义学院任新民教授、赵新国教授进行了指导；云南艺术学院王晓艳老师在楚雄、大理、丽江的调查过程中作了大量的材料收集和整理工作；云南大学马克思主义学院赵新国教授在“云南民族自治地方民族文化建设研究”章节中做出了贡献，云南国土资源职业学院丁科老师在“医疗卫生事业改革发展”章节中做出了贡献，昆明学院孙瑾老师在“社会保障事业发展”章节中做出了贡献，云南大学马克思主义学院硕士研究生马云生同学在“教育改革发展”章节中做出了贡献，云南大学马克思主义学院硕士研究生薛媛同学在“科学技术改革发展”章节中做出了贡献。特别感谢以上人员的指导和大力支持！

本书在编写出版过程中，得到了中国社会科学出版社张林老师的悉心指导和帮助，在此一并表示感谢！

作　者

2017 年 12 月